국가의 인구 관리,
옛날과 오늘

2 국학진흥원 교양학술 총서
고전에서 오늘의 답을 찾다

국가의 인구 관리,
옛날과 오늘

한국국학진흥원 연구사업팀 기획 | **손병규** 지음

은행나무

책머리에

'코비드Coronavirus Disease-19' 이전과 이후로 현대사를 구분할 수 있지 않을까 하는 성급한 예측이 허투루 들리지는 않는다. 인류는 흑사병에 대응하여 인간의 왕래를 일정 기간 제한하는 14세기 말의 검역법을 앞서 겪은바 있다. 경제 발전을 목적으로 하는 '근대화' 열풍이 진행되면서 모든 지역이 얽혀 들어간 몇 번의 세계적 경제공황과 세계대전 역시 경험했다. 이번 유행병도 전 세계에 걸쳐 일어났지만, 이처럼 거의 동시에 매우 신속하게 진행된 사건은 선례가 없었다. 경제성장이 격심한 마이너스로 돌입했으며 이에 더해 사회, 문화, 세계관 등에서 인간 삶의 근저를 흔드는 대대적인 변화가 예상된다.

그런데 이러한 문제에 대처하는 사회 양상이 지역에 따라 다르게 나타난다는 점이 주목된다. 특히 '국가와 개인의 관계'라는 측면에서 그러하다. 국가 간의 차이점은 오히려 국가를 개별 단위로 측정할 수 있는 사회경제적 공통지표가 갖추어져 있기에 발견할 수 있는 문제다. 이는

'근대국가'의 성립을 지향하는 일국적 목표가 전 세계에서 공통으로 진행되어온 결과이기도 하다. 그러나 이번 세계적 펜데믹 상황이 국가마다 다르게 나타나는 것은, 근대사회 이전으로 거슬러 올라가 현재에 이르기까지 장기적 관점에서 그 원인을 살필 수 있다. 국가와 민의 관계에서 관찰되는 오랜 역사적 경험이 지역마다 서로 달랐다는 사실을 상기할 필요가 있다.

오늘날 세계의 인구 현상은 너 나 할 것 없이 모든 나라가 서구의 '선진적' 경험을 목표로 달려가는 한편, 각각이 다른 양상을 나타내고 있다. 동아시아의 급격한 '저출산-고령화' 현상은 국가마다 다른 특성으로 지적되고 있다. 급속한 경제성장이 동아시아의 공통된 경험으로 거론되기는 하나 동아시아 안에서도 각 지역이 인구 현상에서 차이를 보이며, 그 가운데 한국은 세계적으로도 극단적인 형태로 진행되고 있다. 그러한 인구 현상의 특성은 어디서부터 오는 것일까? '근대화' 이전부터 보다 장기적인 관점에서, 세계사 가운데 동아시아, 동아시아 가운데 각 지역의 서로 다른 역사 경험을 비교사적으로 더듬어보고자 했던 이유는 이 질문에서 비롯되었다.

'국가의 인구 관리'를 주제로 전통 사회를 살필 때에 우선 부딪히는 문제는 동아시아와 한국의 역사에 대한 부정적인 인식이다. '개발도상국'으로 급격한 발전을 경험한 경제 후진 지역이며, 집권적인 왕조 국가의 전제주의 전통으로 말미암아 개인의 자유가 억제되는 비민주적 사회라는 지적이 그것이다. 하지만 근대국가야말로 역사상 가장 중앙집권적인 사회이다. 근대사회로의 일률적인 변화는 지역마다의 역사적 다양성을 가리거나 억압하는 방향으로 진행되어왔다. 전근대 동아시아 전제 국가는 가족과 개인의 사회경제적 평등성을 이념적 지향으로 하고, 사적 권리를 법제로 보장하기도 했다. 서양의 '자유'와 동양의 '전제'라는 식으로 대비하는 관점은 성립하기 어렵다는 것이다. 오늘날의 유행병과 인구 현상은 기존의 세계관에 커다란 의문을 제기하고 있다.

한국국학진흥원은 고전에서 오늘의 답을 찾고자 하는 기획을 제안했다. 역사는 과거와 현재의 대화라고 하지만, 역사의 지속성과 변화를 동시에 관찰하는 안목을 가지기는 그리 쉽지 않다. 오늘날의 인구문제를 과거로부터 통시대적으로 지적하는 일은 조선 시대 사회경제사를 전공으로 하는 필자에게 감당하기 어려운 과제이다. 다만 관련 학문 분야에 손을 댄 경험과 전통 및 근대가 구분되지 않는 시점에서 거듭되는 학문적 고민이 이 글을 쓰도록 유인했다. 무모한 문제 제기가 될지도 모르나, 어떻게든 글을 마무리할 수 있도록 도와준 진흥원의 연구사업팀과 출판사 편집자에게 감사의 말씀을 드린다.

2020년 10월
손병규

차 례

한국의 저출산 수준은 합계 출산율이 1을 밑돌 뿐 아니라, 세계 1위를 찍기에 이르렀다. 노동인구는 점차 줄어드는 반면에 고령 인구는 늘어나서 고령화가 촉진되었다. 젊은 세대로 갈수록 고령 인구를 부양할 부담이 증가하게 된다. 60년 전 '산아제한'을 내세운 가족계획이 2000년대에는 출산을 장려하는 정책으로 급변했지만, 한국인의 인구 감소는 필지의 현실이다. '저출산-고령화'는 구미 선진국의 오래된 인구 현상이었다. 인구 현상만으로 본다면 한국은 선진국 대열에 들어선 정도가 아니라, 원치 않게도 그 최전선에 위치하게 되었다. 그러나 선진국과 다른 특징은 저출산 경향이 20세기 후반에 이르러서야 급속하게 진행되었다는 점이다. 이 점에 대해서는 시기를 약간씩 달리하지만 일본, 중국과 함께 동아시아 지역의 공통된 현상이라 볼 수 있다.

왜 동아시아 지역에 저출산 고령화 경향이 뒤늦게 급속도로 진행되었는가? 이러한 지역적 공통성과 관련하여 일본의 역사인구학자 키토 히로시鬼頭宏는 동아시아 지역에는 권위주의적인 가족이 지배적이라는 인구학자 에마뉘엘 토드Emmanuel Todd의 견해를 인용하여, 부계적 지속성을 원하는 가부장적인 가족제도가 심한 저출산의 공통 원인이라고 했다.키토 히로시 2009 핵가족화하면서도 가사와 육아가 여성에게 일임된 가족의 권력 구조가 지속된 것이 주요 원인으로 지적되었다. 매우 설득력 있는 견해이다. 그런데 여기서 가부장적인 가족제도를 동아시아 지역의 급속한 저출산 현상의 원인으로 보는 견해에 대해 몇 가지 의문과 결론적인 가설을 먼저 제시하고자 한다.

우선, 급속한 저출산 현상은 동아시아 지역만의 특징은 아니지만, 후발 경제성장국으로 동아시아에서 늦게까지 그러한 가족제도가 견지된 공통된 이유가 오래된 유교적 전통 때문이라는 시각은 재고될 여지가 있다. 유교적인가의 문제는 차치하고라도 오래된 전통인지에 관해서는 회의적이다. 동아시아의 가부장제가 의외로 그리 오래되지 않은 과거에, 즉 근대사회로 다가갈수록—시대구분을 재고한다면 '초기 근대'부터—일반화되기 시작한 것일 수 있다.

가부장적 가족제도를 오래된 유형으로 여기는 이유는 '권위로 인한 억압'이라는 부정적인 시각 때문이라 여겨진다. 그러나 오히려 그러한 가족제도는 가족의 해체로 이어질 수 있는 위기를 극복하고 대가족으로 확대될 수 있는 전망을 가지며, 노인 부양 문제를 해결하는 효과를 얻을 수도 있다. 가족 규모의 확대와 권위적 가족 질서의 형성은 근대사회로의 전개 가운데 가족에 닥칠 위기에 대응한 것으로 보인다. 소가족에서 대가족으로 진화하는 경우도 있다는 말인데, 토드도 근대사회에 핵가족화한다는 것은 '날조'라고 했다.

가족 구조보다 동아시아 지역에서 공통되는 오래된 요소는 중앙집권적 통치 체제다. 동아시아 사회에서 전제주의 왕조 국가의 연원은 매우 오래되었다. 이러한 통치 체제에서 지향하는 가족 형태는 부부와 미혼 자식으로 구성되는 소가족이다. 이에 반해 가부장적 가족제도는 가족 규모의 확대를 지향한다. 동아시아의 중앙집권적 통치 체제는 유교적 정치 이념을 이상으로 하며 그 실현을 목표로 한다. 하지만 그 이상이 중앙집권적 체제로 실현되어가는 것은 가부장적 가족제도가 형성되는 것과 동 시기로 그리 오래되지 않았다. 그 당시에 국가와 민 사이에 가족에 대한 지향점이 서로 달랐을 가능성이 있다. 한국의 인구 관리를 국가와 민 사이에서 어떻게 관찰할 것인가 하는 본서의 주제와 직결되는 문제이다.

국가의 인구 관리에 대한 또 하나의 관점은 옛날과 지금을 어떻게 연속적으로 혹은 단절적으로 이해할 것인가이다. 연속성은 인구 관리가 정부에 의해서 중앙집권적으로 시행된다는 점이다. 오히려 근대국가의 통치 체제가 전제 국가의 그것보다 더 집권적이다. 단절성은 전제 국가의 인구 관리가 특정의 개별 '호구戶口'에 대한 주민등록 형태의 조사에 기초하여 징수와 구휼의 대상으로 삼는 데 반해, 근대국가의 인구 관리는 익명의 개인을 '인구人口'로 집단화하여 국부國富와의 관계를 과학적으로 분석하는 데에 목표가 있다는 점이다. 그런데 동아시아 여러 국가의 인구 관리는 근대적 지향 가운데에서도 전제 국가의 전통적 이념이 지속적으로 관철되어 오늘에 이어졌다. 이것이 오늘날 동아시아 여러 국가의 인구 관리가 갖는 특징이다.

최근 거듭되는 전염병의 대유행에 대한 동아시아 지역의 대처 양상은 서구인에게 매우 이질적으로 보이는 듯하다. 동아시아 여러 나라의 특징을 "국민이 집단적으로 정부 시책을 잘 따른다"는 말로 표현한다. 개인의 '자유'와 국가의 '통제'를 대비하는 사고방식이다. 그러나 군대가 동원되어 이동이 완전히 차단될 정도로 국가적 강제가 강력하게 시도되고 개개인이 집단적인 시책에 즉각 따를 수밖에 없었던 곳은 동아시아가 아니다. 오히려 동아시아는 국민이 국가의 대책을 신뢰하지 않거나 개별 행동이 속출하는 현상을 지속적으로 발견할 수도 있다. 중앙집권적 통치 체제의 어떠한 역사 과정을 국가와 민 사이에 경험해왔기 때문일까?

한국의 급격한 저출산 고령화는 1960년대의 경제개발 계획에 동반된 가족계획 정책 이후에 시작되었다. 뒤늦은 급격한 경제성장이 급격한 저출산의 원인인가? 그런데 이제 한국이 상당한 경제성장을 했고 사회보장제도가 후진적이지 않음에도 불구하고 저출산 경향은 심화되었다. 국가적 사회보장이 감당할 수 없을 정도의 사회 불평등이 존재한다고 느끼기 때문인가? 개인이 국가의 시책을 믿지 못하는 역사를 경험해와서 그러한 것인가? 한국의 전통적인 인구정책은 인구 증가와 경제 안정화에 목표를 두었다. 역사인구학에서 산업화 전후의 인구 억제는 경제적 선진성만이 아니라 문화적 선진성을 증명하는 요소로 제기되었다. 인구 관리상, 인구 억제와 경제성장의 관계를 어떻게 이해할 것인가? 이러한 문제 인식을 염두에 두면서 논의를 시작하기로 한다.

　본론의 1장에서는 현재 한국의 저출산 고령화 현상이 시작된 1960년대 인구 관리 경험으로부터 살펴본다. 정책적 방향에 대한 단기적 이해가 가져올 위험성이 지적될 것이다. 2장에서는 인구 관리의 시발점이라 할 수 있는 '인구조사'가 언제, 어떻게 시작되었는가에 대해 서술한다. 근대적 인구조사 '센서스census'를 기점으로 그 이전부터의 인구 현상을 바라보는 서구의 관찰 방법에 대해 동아시아 전통 사회의 인구조사 과정을 우선 중국과 일본에서 살펴본다.

　다음으로 한국 전통 사회의 인구조사와 관리에 대해 더듬어본다. 3장에서는 '호구조사'를 통한 인구 관리의 역사를 한국 고대 왕조로부터 발견하여 고려왕조를 거처 조선왕조에 이르기까지 그 변화 과정을 관찰한다. 4장에서는 조선왕조의 호구 정책에 대해 집중적으로 관찰하여, 동아시아 전통적 인구 관리의 이상이 현실화 되는 과정과 그 특성을 밝히고 대한제국과 식민지 조선 의 호구 정책과 비교한다. 전통과 근대의 동시대적 진행 과 그 결과를 엿볼 수 있을 것이다.

끝으로 5장에서는 인구 자료로서의 호적戶籍과 족보族 譜를 통해 관찰되고 연구되어온 인구와 가족의 장기적 변동을 소개하고, 국가의 인구 관리와의 관련성, 영향 력을 생각해본다. 특히 역사인구학으로부터 가족을 관 찰하는 방법론으로 한국 인구 관리 역사의 특성을 찾 아본다.

국가의 인구 관리는 국가와 개인 사이의 문제로만 존 재하지는 않았다. 미래적인 해결 방안도 그러한 문제 관 점으로만 이해할 수도 없다. 그것은 단순히 국가에게 가 족의 역할을 기대한다는 말이 아니라, 최소한 '가족'을 경제와 인구 단위로 하여 가족 내외의 개별적인 관계를 통해 삶을 견뎌온 역사성에 주목하고자 한다는 말이다. 가족이 붕괴되는 시대에, 오히려 그러한 시대이기 때문에 다시금 가족을 관찰 대상으로 삼고자 하는 것이다.

더구나 현대사회는 일국 내 가족 간의 사회 불평등이 심화될 뿐 아니라 국가 간의 사회 불평등도 또 다른 차원에서 병행하여 심화되고 있다. 모든 가족에게 고르게 재화가 분배되어야 한다는 인류사의 오래된 이상의 실현이 근대사회 이후로 오히려 역행되고 있다는 점을 염두에 두고자 한다.

1장

저출산 현상을
어떻게 이해할 것인가

1 맬서스의 덫

    인구학의 창시자인 토머스 로버트 맬서스(1766~1834)는 "인구는 기하급수적으로 증가하는 데에 반해 식량은 산술급수적으로 증가한다. 따라서 식량이 부족해질 때에 약하고 가난한 사람들이 배고픔으로 죽어가서, 충분한 식량이 확보될 때까지 인구는 감소한다"고 내다봤다.Malthus 1798 하지만 식량 생산이 인구 증가를 따라잡지 못함으로써 인구 증가는 감소로 돌아선다는 '인구 파괴'의 재앙, 즉 '맬서스의 덫Malthusian trap'은 이후 19~20세기를 통해 경험하지 못했다. 도리어 인류사상 제2차 농업혁명을 유발한 산업혁명으로 인하여 식량 공급이 증대했으며, 이로써 유례없는 '인구 폭발'을 불러왔다. 맬서스의 예상은 여지없이 빗나간 것이다.

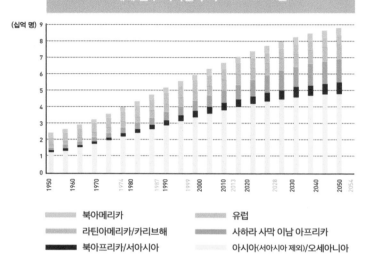

세계 인구 지역별 추이 1950~2050년

범례:
북아메리카
라틴아메리카/카리브해
북아프리카/서아시아
유럽
사하라 사막 이남 아프리카
아시아(서아시아 제외)/오세아니아

급증하던 세계 인구는 21세기에 들어 증가세가 더뎌졌다. 21세기 후반부에는 오히려 감소하는 추세가 예상된다. 이것은 세계 인구 전체의 추세에 대한 예상이며, 그 가운데에는 북미와 서유럽과 같이 이미 이전부터 감소되었던 지역도 있다. 특히 동아시아 지역은 21세기 전반부에 그러한 인구 감소 추세를 뒤따를 것으로 보인다. 식량 부족으로 인해 '맬서스의 덫'에 빠진 것은 아니지만, 또 다른 '인구 억제'의 방법이 인구 감소의 원인이 되었다.

인구가 억제되는 방법은 일찍이 맬서스가 말한 바와 같이 기아로 사망하거나 영양실조로 전염병에 감염되어 죽거나, 전쟁 등으로 살해당하거나 살해하는 방법이 있다. 출생한 뒤에 인구를 줄이는 '적극적 억제positive check'를 말한다. 또 다른 인구 억제 방법은 출산 자체를 억제하는 방법으로, '예방적 억제preventive check'가 그것이다. 종교적 금욕, 터부시하는 관습에 따라 성교를 피하거나, 임신이 잘 되지 않도록 먼저 출생한 아이의 수유를 장기간 연장하는 등의 인구 억제 방법이다. 죽이거나 죽도록 방기하는 비도덕적인 인구 억제와 대조해서 '도덕적 억제'라고도 부른다. 여기에 피임 기구를 사용하거나, 임신을 했어도 낙태를 시키는 방법이 포함된다. 맬서스는 이 방법을 바람직하지 않다고 여겼지만, 후대의 '신맬서스주의자'들은 오히려 선진적인 인구 억제 방법으로 거론하였다.Wrigley&Schofield 1981 자발적인 판단에 근거하여 인구가 가장 효과적으로 억제될 수 있는 방법이었다.

20세기 이전에는 인구학적으로 선진 지역이라 자처

하던 서유럽에서도 많이 낳고 많이 죽는 '다산다사多産多死' 형태가 일반적이었다. 적게 낳아 적게 죽는 '소산소사少産少死'의 후생학적인 인구 관리는 일부 지역에서 최근에 일어난 일이다. 사실 19~20세기의 인구 증가는 출생 인구의 증가보다는 사망 인구의 감소에 기인한다. 단순히 말해 인구 증감은 출생 인구수에서 사망 인구수를 뺀 수치를 말한다. 출생 인구수에 비해 사망 인구수가 적으면 인구가 증가하는 셈이다. 이 시기 사망률이 낮아지는 것은 영양의 충분한 보충과 의료의 대중화가 주된 원인이다.

유럽 전체의 출생 인구수는 19세기에도 계속 증가하고 사망 인구수가 감소하여 인구 폭발을 초래하지만, 20세기에는 출생 인구 감소세로 돌아섰음에도 불구하고 수명이 길어져서 인구 증가가 당분간 지속되었다. 하지만 21세기에 들어 고령 인구가 더 이상 늘어나지 않음으로써 인구 증가가 정체되거나 인구 감소의 현상을 보이기 시작했다. 수명을 연장하는 의학 발달이 얼마나 대중화할지 모르지만, 생물학적으로는 수명이 아무리 길어져도 한계가 있었던 것이다.

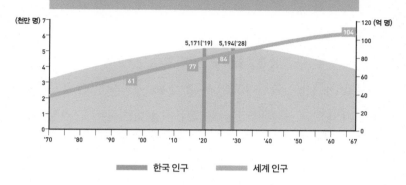

한국과 세계의 인구 추이

(천만 명) 7
6
5   5,171('19) 5,194('28)
4
3   61
2
1
0
'70 '80 '90 '00 '10 '20 '30 '40 '50 '60 '67

120 (억 명)
100
80
60
40
20
0

77   84   104

■■■ 한국 인구   ■■■ 세계 인구

21세기에도 세계 인구가 지속적으로 증가하는 가운데, 한국은 서유럽을 이어서 20세기 말부터 인구 증가가 둔화되었고 2030년 전후를 기하여 감소 추세로 돌아설 것으로 추계된다.통계청 2019 이러한 인구 추계는 출산력 및 사망률과 같은 인구학적 통계분석으로 제시된다.

여기서 '출산력fertility'이란 15세부터 45세에 이르는―영양이 좋아진 현대에는 가임 기간을 연장하여 50세까지로 적용한다―가임 여성 인구수에 대한 출산아 수의 대비율ratio을 말한다. 그해의 출산력은 여성의 가임 기간에 있는 각 연령별 인구에 대한 출산아 수의 대비율을 모두 합한 수치로 나타내어 '합계 출산율'이라 부르기도 한다. 이 수치는 당시의 여성들이 평생 낳는 출산아 수의 평균치와 같다. 총인구에 대한 그해 출생아 수의 비율을 '출생률'이라 하는데, 출생아의 비율을 거칠게 산출한다고 해서 '조출생률粗出生率'이라 부르기도 한다. 합계 출산율, 즉 출산력은 아이를 낳는 가임 여성의 수에 근거를 두고 산출한다. 따라서 총인구수 중의 비율로 산출되는 출생률에 비해서 출산의 '가능성'을 더욱 실질적으로 측정할 수 있는 인구통계학 방법이다. '사망률'은 단순히 그해 총인구 가운데 사망한 인구의 비율로 계산된다.

한국의 출생아 수는 1970년에 1백만 명에서 1983년에 77만 명으로 감소하고 2001년에 56만 명으로 반토막이 났다. 1970년으로부터 반세기도 지나지 않은 2018년에는 3분의 1 수준인 33만을 넘지 못할 정도로 감소했다―2018년에 이르는 출생아 수와 합계 출산율 추이는 통계청 2019년 8월 27일 발표에 의한다. 출산력은 1970년에 4.53을 기록하다가 1983년에 2.06으로, 10여 년 사이에 출생률의 감소 경향에 비해 더욱 급속도로 하락했음을 볼 수 있다. 현대사회에 인구

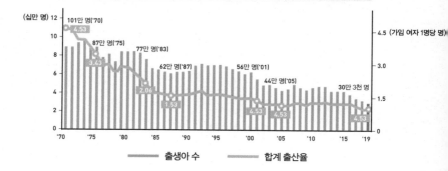

한국과 세계의 인구 추이

(십만 명) 12

101만 명('70)
4.53

87만 명('75)
3.43

77만 명('83)

62만 명('87)
2.06

1.59

56만 명('01)

44만 명('05)

4.53   4.53

30만 3천 명

4.53

4.5 (가임 여자 1명당 명)

3.0

1.5

'70 '75 '80 '85 '90 '95 '00 '05 '10 '15 '19

출생아 수   합계 출산율

수를 그대로 유지할 수 있는 출산력 수치는 2.1로 알려져 있는데, 이제 그 수준을 넘어서서 감소하기 시작한 것이다.

그러나 이후로 출산력은 더욱 하락하여 2018년에는 1을 밑돌기에 이르렀다. 부부가 평균 한 명도 낳지 않는다는 계산이다. 이 수치는 동아시아에서는 물론, OECD 국가들 가운데에서도 가장 낮다. 여기에 출산력 저하를 부추기는 것은 만혼晩婚과 혼인율 하락의 현상이다. 결혼을 해도 출산을 꺼리는 현대사회에서 초혼 연령을 늦추어 여성의 가임 기간을 줄인들 그것이 출산력에 주는 영향력은 거의 없다고 해도 과언이 아니다. 하지만 혼인 자체를 하지 않는 것은 영향이 크다. 인구수 대비 혼인 건수의 천분률permit을 '조혼인율'이라 하는데, 1990년 대 말 이후 7.0퍼밀을 밑돌며 더욱 낮아지고 있다. 연애를 하지 않고, 연애를 해도 결혼을 하지 않으며, 결혼을 해도 아이를 낳지 않는, 인구문제에서의 '3포' 현상이 출산력을 급격히 하락시킨다.

'백세 시대'를 앞두면서도 그 나이를 넘지 못한 90대 노인의 사망률도 높아질 것이다. 인구 유입을 고려하지 않는다면, 분명히 조만간 인구수는 급속한 하락을 보일 것이다. 식량 부족에서 기인하는 것은 아니지만, 인구가 파괴됨으로써 발생하는 또 다른 의미의 '재앙'이 맬서스의 덫으로 다가올 것인가?

2 산아제한의 경험

한국 출산력 추이의 주목되는 특징은 20세기 후반에 들어 급속히 하락했다는 점이다. 6·25 한국전쟁 직후의 1955~1961년에 출산력이 6.0을 넘어섰다가 1983년에 2.1을 밑돌기에 이르렀다. 이렇게 20여 년 만에 출산력이 급락한 것은 어떠한 이유에서인가?

전쟁으로 인한 사망률 상승은 인구 변동의 장기적 관점에서는 일시적인 현상에 그친다. 오히려 사망할 위험에 대비하여 출산이 장려되는 '베이비 붐' 현상이 일어난다. 한국전쟁 이후 1955년부터 1960년대 초 사이에 출생한 사람들을 '베이비 부머'라 칭한다. 당시 사망률 저하가 진행되면서 이들의 존재는 출생 시기부터 '인구 압력'이 증가하는 요인으로 여겨졌다. 인구 증가가 식량 공급을 웃돌아 빈곤과 기아를 초래한다는 맬서스의 경고가 적용된 것이다. 이러한 논리에 근거하여 1960년대 초부터 1980년에 이르기까지, 산아제한을 목적으로 하는 '가족계획family planning'이 경제 발전 계획과 함께 정부 주도의 국가적인 사업으로 추진되었다.

근대 초기에 '산아제한birth control'은 아이를 낳는 여성에 대한 배려, 남녀평등의 인식에서 사회운동 차원으로 제시되었다. 특히 하층 여성들은 임신과 출산에 대한 결정권이 없는 상황에서 원하지 않는 출산을 피하기 위해 낙태(임신중절)를 시도하다가 사망에 이르는 경우가 많았다. 이들 하층 여성들이 출산을 조절할 수 있는 권리를 보장받아야 한다는 인식이었다. 한편, 나치 독일은 순수 혈통을 확대재생산하기 위해 특정 인종의 출산을 장려하고 그 여성들의 산아제한 권리를 폐지하는 반면에, 타 인종을 학살하거나 그 여성들의 출산을 제한하는 정책을 감행했다. 첫 번째 경우와 정반대로 여성의 자율적 선택권을 무시한 인식이라 할 수 있다. 이러한 점에서 정부의 인구정책에는 신속한 추진과 함께 비인권적 위험성이 도사리고 있다.

전시체제하에서의 인구정책은 주로 인적자원 확보를

1974년 가족계획 포스터.

위한 출산 증강을 목적으로 하였다. 일본의 전시 인구
정책은 나치 독일의 인종주의적 우생학의 영향하에서
국민 총동원을 위해 '양질의 건강한 국민'을 획득하고
자 하는 출산 증강 정책이었다고 평가된다. 동아시아에
서 전국적인 출산력 조사가 이루어진 것은 1940년의 일
본이다. 김인수 2018 1920년부터 실시된 근대적 인구조사
'국세조사'에서 제한되었던 조사를 포괄적으로 수집하
려는 목적이었다. 일인 학자는 "일본의 전시 인구정책

이 출산 증강 정책으로 '나치 독일화'였다고 한다면, 전후 산아조절 운동과 정부의 인구정책 변화는 '미국화'였다"고 말하고 있다.후지메 유키 2004 세계대전 이후에는 1950년대의 세계적인 출산 조절 운동에 맞추어 산아제한과 관련한 출산 억제 정책이 진행되었다.

한국의 경우, 1950년대 말에는 여성에 의한 한국 최초의 출산 조절 운동인 대한어머니회의 활동이 시작되고 있었다. 이는 한국 출산 조절의 역사에서 페미니즘적인 성격을 가진 것으로 평가할 수 있는 거의 유일한 움직임이었으나, 1961년 5.16 쿠데타가 일어나고 이후 가족계획 사업이 국가정책화하는 과정에서 사라지고 말았다.배은경 2004

1960년대 한국에서 제시된 산아제한은 가족계획에 대한 정부의 국가 시책 채택에 따라 보건사회부 산하 대한가족계획협회—1961년 4월 사단법인체로 창립한 현재 '인구보건복지협회'—의 주도로 진행되었다. 가족계획에 대한 계몽 선전과 보급, 가족계획 요원과 시술 의사의 훈련, 정관수술과 피임약제의 임상 실험 실시, 해외의 가족계획 단체와의 협력을 통해 정부의 가족계획 캠페인에 적극 조력하는 등, 가족계획이 사회 저변에 확대되는 데 기여하였다. 인구보건복지협회 사회운동 차원에서의 국가정책이라는 외피를 쓰고 사실상 정부의 강제성이 동원되었다. 가장 효과적인 사업은 교육과정에서 행해졌는데, 각 학교 교실에서 형제의 숫자를 위시한 산아제한 조사를 담임선생의 공개적인 질의와 학생들의 거수를 통해 시행된 것이다. 그와 동시에 피임 기구 콘돔의 배급, 정관수술의 권유가 산아제한의 효과를 가져왔다. 예비군 훈련의 면제를 미끼로 하는 남성의 정관수술 권유는 오랫동안 지속되었다.

이러한 산아제한은 사실 1962년부터 시작된 경제 발전 5개년 계획과 불가분의 관계에서 시행되었다. 경공업 진흥, 고속도로를 비롯한 건설 사업으로 시작된 정부의 경제 발전 계획 추진에는 개발도상국으로의 경제성장을 위한 인구학적 목표가 제시되었다. 생산 수입의 풍족한 분배를 가져오는 선진국의 저출산 인구 현상, 말하자면 인구 감소로 식량이 충족되어 '단란한 핵가족'을 확보할 수 있다는 환상이 그것이다. 피임 기구를 배급하여 출산 억제를 장려함으로써 '저출산'이라는 인구학적 선진성과 '근대 가족'의 이미지를 선전하면서 '산업 역군의 허리띠를 졸라맬 것'을 종용했던 것이다.

1960년대에서 1980년대 전반에 걸친 급격한 출산력 하락은 산아제한의 사회운동을 촉진하는 정부의 시책에 힘입은 바가 크다. 하지만 급격한 근대화의 진행이 급격한 저출산 현상을 불러온 점을 간과할 수 없다. 실제로 생활수준이 상승 이동하면서도 급속한 도시화와 산업화에 수반하여 자녀 양육 경비가 급속히 상승했다. 저출산 지향의 규범, 가치관이 사회적으로 광범하게 확산되었다. 경제적 능력을 확보할 때까지 결혼을 늦춤으로써 초혼 연령이 상승했다. 결혼을 하더라도 피임을 하거나 인공유산을 증가시켜 가족의 규모를 줄여나갔다. 그러나 이러한 현상은 1980년대 후반 이후에도 지속되었다.

1960년대 가족계획 표어로 가장 유명한 것은 "덮어놓고 낳다 보면 거지꼴을 못 면한다"였다. 출산력이 급락하고 있던 1970년대에도 "딸 아들 구별 말고 둘만 낳아 잘 기르자", 출산력이 바닥을 치는 1980~1990년대에도 "잘 키운 딸 하나, 열 아들 부럽지 않다"는 표어가 사용되었다. 1980~1990년대의 표어는 출산력이 하락하지 않는 이유가 '남아 선호 사상'에 있다고 여겼기 때문이다. 실제로 남아가 월등한 비율로 많아지는 것은 태아의 성별을 구별할 수 있는 의학의 발달에 기인한다. 동시에 임신중절, 즉 낙태의 사례도 증가했다. 남아 태아를 낙태시키지 않는다면 출산 시의 자연적인 성비—여아 인구 100에 대한 남아 인구의 비율—는 일반적으로 105다. 이 시기에 출생 시 남녀 성비는 120에 육박했지만, 최근에는 혼인과 임신 자체를 피함으로써 정상적인 수치로 돌아오고 있다.

출산력이 세계 최저 수준에 이른 2000년대에 와서야 겨우 가족계획의 표어는 "엄마 젖! 건강한 다음 세대를 위한 약속입니다"로 바뀌었다. 산아제한의 목적이 산모와 아이의 건강에 있다는 명분으로 출산 제한에서 출산 증강으로의 정책적 전환을 무마하려는 듯하다. 지금까지의 산아제한 추진으로부터의 탈각은 2004년에 와서야 이루어졌다. 이때의 표어는 "아빠, 혼자는 싫어요. 엄마, 저도 동생을 갖고 싶어요"였다.

중화인민공화국 설립자이자 국가 주석인 마오쩌둥은 군사적 포부를 실현하고, 생산 가능 인구를 늘리기 위해 출산 장려를 권장했다. 그러나 마오쩌둥의 정책으로 초래한 폭발적인 인구 증가로 말미암아 1950년대 말에 많은 인구가 기아로 사망했으며, 이에 중국 정부는 산아제한 정책으로 돌아서게 되었다. 중국은 1950년대에 출산력이 6.0을 넘어서다가 1980년 들어 3.0 이하로 급속히 떨어진다. 2.0 이하로 떨어지는 것은 1990년대에 들어서의 일이다. 한국보다 조금 늦지만 인구 추이는 대체로 비슷한 경로를 밟는다.

일본은 동아시아 국가 가운데 출산력이 일찍부터 낮은 수준이었지만, 제2차세계대전 직후의 베이비 붐으로 출산력이 4.5까지 올라갔다. 이후 앞에서 서술한 바와 같이 전후 산아조절 운동과 정부의 인구정책으로 1950년대를 통해 출산력이 급격히 하락하여 1960년대에 2.0을 오르내리기에 이르렀다. 그와 더불어 한국전쟁을 기회로 하는 경제 부흥 재기에 성공한 점이 출산력 급락에 영향을 미쳤을 것이다. 1975년 이후로는 출산력이 더 밑으로 떨어지고 회복되지 않아, 일본은 이미 2010년을 정점으로 인구 감소가 시작되었다.

급격한 저출산 현상은 최근의 한국만이 아니라 중국과 일본을 포함하는 동아시아의 공통된 경험이다. 신윤정 외 2018 또한 그것이 전국적 범위에서 매우 집중적으로 진행될 수 있었던 것은 부부들의 자발적 판단에서 유발된 것이 아니라 국가정책이나 그것에 뒷받침된 사회적 캠페인이 큰 영향을 끼쳤다는 점에서도 공통된다. 이것은 단지 근대국가 운영상의 중앙집권성만이 아니라 동아시아 여러 국가가 오래전부터 겪어온 집권적 통치 체제와 그에 대한 국민적 조응의 경험에서 유래한다. 그렇다고 해서 '자유'와 '전제'라는 식으로 동서양을 대비하며 동아시아사를 부정적으로 바라보는 관점으로 이러한 현상을 설명하려는 것은 결코 아니다.

2장

인구조사는
언제 어떻게 시행되었나

1 인구센서스와 저출산에 대한 환상

'인구'란 일정 지역 안에 사는 사람의 총수를 가리킨다. 인구를 조사한다는 것은 특정 순간, 특정 지역의 인구 규모나 구성 등의 인구학적 특성을 파악하는 것을 말한다. 개개인의 성별, 연령, 배우 관계, 국적, 직업이나 사업 등을 조사하여 통계분석의 근거로 삼는 것을 '인구정태'라 한다. 이에 대해 여러 번의 조사를 통해 일정 기간 동안의 인구 변동을 분석하는 근거가 되는 것을 '인구동태'라 한다. 인구 변동의 요인은 출생, 사망, 혼인, 이동에 대한 정보이며, 인구 증감, 출산, 사망, 결혼과 이혼, 인구 이동 등이 인구통계학적 내용이 된다. 현대의 인구학은 인구통계학만이 아니라 관련 학문 분야를 종합한 체계화를 목적으로 발전해왔다.

근대적 인구조사population census는 개인의 인적 특성을 개별적으로 파악하기 위한 것이 아니라, 인구 정보를 집단적으로 파악하여 인구학적으로 분석하기 위한 것이다. 인구학demography이란 지역 단위의 인구를 성·연령·배우 관계·종교·언어·인종·직업·계급·교육 정도 등에 관해 연구하는 학문 분야이다. 19세기 중엽, 도시화에 따른 인구 현상의 통계적 연구에 '인민'이라는 뜻의 그리스어 '데모스δῆμος'와 '묘사하다'라는 뜻의 '그라포γράφω'의 합성어인 '데모그래피Demography'라는 말을 사용했다.

인구학이 근대적 분과 학문으로 발생한 것은 소비자 심리 및 보험료에 영향을 미치는 요인을 분석하는 보험 계리사의 통계적 분석에 기인한다. 현재 조사된 인구 정보로부터 출산력, 사망률, 기대 수명 등을 계산하고 미래의 인구 현상을 추계하는 분석 방법이다. 인구조사와 이러한 분석 방법은 특히 근대국가의 정부가 국가의 경제 발전 상황에 대한 측량과 관련하여 시행되었다.

근대적인 의미의 전국 규모 인구조사census는 1790년에 미국에서 처음으로 실시되었지만, 그 이전 북유럽의 가톨릭 교구敎區 단위로 진행된 인구조사에서 시초를 발견할 수 있다. 정부에 의한 전 지역 범위의 조사는 북유럽에서 1749년, 스페인에서 1768년, 네덜란드에서 1795년, 영국 1801년 등, 18세기 말 유럽에서 시작되어 세계로 확산된 것이다.

동아시아에서는 일본의 식민지 대만에서 호구조사에 기초하여 1910년대에 시도되고, 이 실험을 통해 1920년에 본국에서 제1회 인구조사가 '국세조사國勢調査'라는 이름으로 실시되었다.速水融 1993 인구 정보가 국력을 가늠한다는 의미로 여겨진다. 식민지 한국에는 1925년 제2회 인구조사 때부터 조사 지역으로 편입되었다. 그 뒤 5년마다 국세조사가 실시되었는데, 1944년에 제국주의 일본의 전쟁을 위한 '총동원 체제'하에서 임시적인 인구조사가 앞당겨 실시되었다. 중국은 중화인민공화국이 성립한 이후 1952년에 인구센서스가 시행되었다.

한국은 1949년에 해방 후 처음으로 총인구조사를 실시했으며, 한국전쟁 이후의 혼란기인 1955년에 두 번째 총인구조사가 시행되었다. 1960년에는 국제연맹 통계 고문단의 자문하에 주택·농업 조사가 병행되었다. 1960년대의 인구정책과 경제정책 시행을 위한 기초는 이때부터 마련되어 있었던 셈이다. 1962년부터 시작된 경제개발계획의 추진은 한국 정부에 대한 미국의 신속하고 지속적인 지지에 힘입은 바 크다. 냉전 체제하에서 북한의 이른 경제개발계획 시도와 전후 복구에 대비해서 남한의 경제 상황에 대한 위기의식이 작용한 것으로 보인다. 북한은 1960년대 초까지 급속히 인구가 증가하였으나 1972년 인구 억제 정책으로 증가세가 급격히 둔화되었다. 남한의 인구센서스는 1990년부터 '인구주택총조사Population and Housing Census'로 명칭이 바뀌어 현재에 이르렀다.

근대적인 인구조사가 시작되었던 유럽에서 그 이전의 인구에 대해 관심을 갖기 시작한 것은 제2차 세계대전 직후의 프랑스에서였다.速水融 1997 프랑스 국립인구문제연구소(INED: Institut national d'études démographiques)는 19세기 중엽 이후의 총인구수가 저출산으로 말미암아 정체되고 고령화가 진행되는 추세에 대해 인구 증가를 위한 논의와 연구를 요구했다. 실제로는 청년 인구의 부족이 전쟁 패배의 요인이며, 그러한 인구 현상이 근대적 인구센서스가 행해지기 이전부터의 경향이었음을 밝히고자 하는 의도였던 것으로 여겨진다. 프랑스는 산업화 이전에 이미 출산 억제, 인구 조절을 통해 일찍부터 소산소사少産少死의 인구 현상을 보인다. 프랑스는 비록 독일에 속수무책으로 침공당할 수밖에 없었지만 인구학적, 문명사적 '선진성'을 지녔음을 주장하고 싶었는지도 모른다.

1950년대 인구학자 루이 앙리Louis Henry 는 근대적 인구센서스가 실시되기 이전의 인구동태를 확인하는 연구 방법을 제시했다. 이것이 '인구학적 방법으로' 과거 인구 자료를 분석, 인구동태를 추적하는 연구 방법론, 즉 '역사인구학Historical Demography'의 탄생이다. 거기에는 계보 자료가 활용되기도 했지만, 주된 자료는 교회의 신도들이 거주하는 교구를 범위로 작성된 '교구부책敎區簿冊'이었다. 출생 직후의 세례, 결혼, 장례, 성서 교육 등의 기독교 의례에 관한 기록에서 출생과 사망, 가족 형성의 기점 등을 추정하는 연구가 진행될 수 있었다.

교회에서의 개별 이벤트 가운데 결혼식은 부부를 단위로 '결혼용 카드'를 작성할 수 있는 인구 정보를 제공했다. 여성의 초혼, 재혼 여부와 혼인 연령 등을 알 수 있다. 여기에 그 자식들의 세례, 결혼, 장례 정보로부터 모자 사이의 인구학적 관계를 카드로 정리하게 된다. 개인의 개별 이벤트로부터 부부의 결혼 기간 동안, 어머니의 평생에 걸친 출산 과정을 가족 단위로 정리하는 과정을 '가족 복원'이라 한다.

'가족 복원' 카드의 인구학적 내용은 우선, 부부에 대해서는 혼인이 각자에게 초혼인가 재혼인가의 여부, 혼인 시의 나이, 혼인이 시작되고 끝나는 시기와 기간, 재혼 여부 등이 기록된다. 다음으로 자식들의 출생은 어머니의 출산을 기준으로 기록된다. 출산순으로 어머니의 출산 연령과 출산 간격, 자식들의 성별, 가임 기간 동안 어머니의 5년 간격의 코호트별 출산아 수, 평생 출산아 수─이 여성의 출산력(합계 출산율)이다─가 산출된다. 나아가 자식들의 사망 시기와 수명, 혼인 정보와 새롭게 형성되는 가족 카드의 번호를 제공한다.

단지 이렇게 복원된 가족의 카드는 개별 가족과 그 구성원 개개인의 인적 사항을 개인 프라이버시로 확보하고자 하는 것은 아니다. 많은 가족 카드로부터 동일한 인구학적 정보를 통계적으로 파악하기 위한 것이다. 가족 복원을 통하여 프랑스에서 시도된 역사인구학 연구는 유럽 전역의 교구에 대해 유럽 각국 및 미국 연구자들에 의해 확산되었다. 하지만 관찰의 관점은 출산에 대한 부부의 자율적 선택과 그 사회 문화적 인과관계에 있으며, 국가의 인구 관리라는 측면은 고려되지 않은 듯하다. 오히려 일국 내에 여러 지역에서 서로 다른 인구학적 현상이 발견될 뿐 아니라 국가의 경계를 넘어서서 인구학적 현상이 동일한 지역 범위가 발견되기도 하는 점에 주목하였다.

역사인구학 연구가 진행되던 당시 프랑스의 또 다른 인구문제는 세계대전 이후에 프랑스 식민지로부터의 인구 유입이었다. 이 문제는 이후 현재까지도 특히 국가정책의 관점에서 심각하게 논의되어야 할 커다란 과제이다. 역사인구학은 근대적 인구조사 이전 시기의 인구동태와 가족 구조에 대한 실증적 역사상을 제시했다는 데에 큰 의미가 있는바, 여기서는 유럽의 역사인구학 연구가 밝힌 몇 가지 성과를 제시하기로 한다.Wrigley & Schofield 1989, J. Willigan&Lynch 1982

과거 유럽의 인구 현상에 대한 연구를 통해 우선은 전쟁, 역병, 기근 등으로 출생자 수에 비해 사망자 수가 많은 시기가 발견되었다. 하지만 그로 인한 인구의 감소는 일시적이고 곧이어 인구 위기에 대한 반작용으로 쉽게 인구가 회복됨을 볼 수 있다. 다만 그러한 지역이 다산다사多産多死의 인구학적 후진성을 드러내는 것으로 평가될 뿐이었다. 인구 조절이 존재했다 하더라도 기근, 전염병, 살해 등의 적극적 억제를 감내할 수밖에 없는 인구학적 후진성을 이야기한다. 사실 높은 유아 사망률로 인하여 평시에도 다산다사의 인구 변동 유형이 서유럽 구가족의 일반적 특징이었다. 소산소사의 저출산 고령화 경향은 20세기 들어와서 생긴 경향이다.

역사인구학의 가장 큰 성과는 사망보다 출산과 관련된 사실의 본질적인 추적에 있었다. 혼인과 관련하여 동일 계층 사이의 통혼이 일반적이라든지, 부부 나이 차는 적고 처가 연상인 경우도 많다든지, 상처 후에 남자의 재혼까지 기간이 매우 짧다는 등등의 연구 결과가 제시되었지만, 여전히 핵심적인 성과는 저출산과 관련된 것이었다. 일찍이 산업화 이전부터 출산력이 낮아지는 지역이 발견되었으며, 그에 대한 사회 문화적 선진성이 높이 평가되었던 것이다. 피임이 대중화되기 이전의 당시 출산력, 즉 15~45세의 가임 여성 총수 대비 출생아 수의 대비율은 6~7로 높은 편이었지만, 일부 지역에서는 임신 횟수를 제어하기 위한 인위적인 노력이 다양하게 진행되었다. 그 가운데 하나가 여성의 초혼 연령을 늘려서 늦게 혼인하는 만혼인데, 상층 귀족 여성들에게서 두드러지게 발견된다.

저출산으로의 경향성을 추적할 때, 가령 동일 시기에 출산력이 유사한 지역의 분포는 동일 언어권이라는 점을 발견하기도 했다. 동일 언어를 통해 저출산 선호의 인식이나 피임 방법에 대한 정보가 빠른 속도로 전파되었을 가능성이 제기되는 것이다. 인구 변동에는 언어 및 정보 교류 등의 사회 문화적 요인이 근본적 요인이 될 수 있음을 말한다.

여기에 더해 낮은 출산력은 높은 사회 문화적 위상, 문명사적 선진성을 대변하는 것처럼 인식되었다. 구미의 역사인구학 연구는 산업화 이전부터 출산력이 낮아 저출산인 것을 인구학적 선진성으로 인식하는 대신, 그러한 서유럽 이외의 지역은 출산력이 여전히 높다는 점을 지적해왔다. 바로 이 점이 역사인구학의 연구 방법론으로 동아시아의 인구 현상을 생각할 때 가장 먼저 고려되거나 반론의 대상이 되었다.

서유럽 이외 지역의 과거 인구 현상을 생각하기 전에 동아시아 전통 사회의 인구조사에 대해 살펴볼 필요가 있다. 인류사상 이미 고대 이집트 신왕조 시대(A.D. 15C)

에 인구조사가 이루어졌다는 말이 있으며, 구약성서의 하나로 모세가 전했다는 『민수기Numbers』는 광야에서의 인구조사를 기록하고 있다. 이집트 탈출 이후 광야에서 하나님의 군대를 조직할 때, 각 지파의 대표자와 지파마다 20세 이상의 남성 수를 기록하고 딸의 가계 계승 자격에 대해 언급한다. 인구조사의 어원을 로마제국의 '검열관censor', '과세censere'에서 찾기도 하는데, 당시 인구조사의 목적을 추정케 한다. 로마의 통치하에 있던 이스라엘에서 예수는 베들레헴에서의 인구조사에 응하러 가는 여정에서 탄생했다고도 한다.

전통 시대 인구조사에 대한 경험담에서 공통되는 특징은 집권적 통치하에서 이루어졌다는 점이다. 그런데 동아시아 고대국가는 이러한 일시적이고 간헐적인 인구조사가 아니라 체계적이고 지속적으로 '인구 가족 조사'를 진행해왔다는 사실이 주목된다.

2 중국 전통 사회의 인구조사

　구체적인 중국 최초의 인구조사 자료는 '호적'이다. 호적은 정부가 인민 통치를 위하여 몇 년에 한 번씩 행정 지역 단위로 가족과 그 구성원을 '호戶'와 '구口'로 파악한 조사 문서다. 이 호구조사에 근거하여 시행되는 호구 정책은 광범위한 지역에 대한 집권적 통치 체제를 전제로 한다. 재정의 출납을 담당하는 국가기구와 징수 및 진휼 업무를 수행하는 지방조직이 관료 체제와 지방 행정 체제 위에 설정되는 중앙집권적인 국가 경제 운영 시스템이 갖추어져야 한다. 중국은 고대사회부터 국가 단위의 통치 기술이 발달하여 일찍부터 호적을 작성하기 시작했다. 그리고 호적 작성은 중국만이 아니라 기타 국가 형태를 갖춘 동아시아 사회에 일반화되어갔다.

호적 자료에는 개별 인적 사항을 가족 단위로 파악한 '호적'과 그것을 행정구획별로 통계를 한 '호구부戶口簿'가 있다. 호적은 지방정부에서 작성되어 호구부와 함께 중앙에 보고되는데, 중앙정부는 주로 호구부를 확인하는 선에서 그쳤다. 그런데 호적에는 호의 편제 과정에서 구성원의 일부가 가감되고 지역 단위의 호구부에는 정부가 필요한 만큼의 호구 수가 일정한 수치로 총액화總額化하는 경향이 있었다. 지방정부의 자율적 호구조사를 수용한 뒤에 광범위한 지역으로부터 일정 정도의 호구를 집권적으로 파악하는 방법이었다.

중국 고대사회의 호구 문서로 최근에 발굴, 소개된 호적 죽간竹簡에는 진대秦代의 리야진간里耶秦簡, 후한後漢의 한간漢簡이 있으며, 기타 율령律令과 호구부戶口簿 자료가 기왕의 문헌 자료에서 확인할 수 없었던 새로운 사실들을 제공하고 있다.김경호 2017 그 가운데 우선 개별 구성원이 기록된 호 단위의 호적, 리야진간 호적간을 살펴보면 다음과 같다.

남양의 호주, 형불경 ― 작위 ― 만강南陽戶人荊不更蠻强

처, 이름 겸妻曰嗛

자식, 소상조 □ 子小上造□

자식, 소여자 타 子小女子詑

하인, 이름 취 臣曰聚, 오장 伍長

    리야진간은 옛날 우물에서 발견되었는데, 24매의 호적 간독이 학계에 소개되었다. 모두 진대秦代(B.C. 221~B.C. 206)의 것이다. 여기서 형불경이나 소상조, 소여자라는 것은 작위나 직책, 연령 분류 등을 개별적으로 부여한 호적 기재 양식의 하나다. 신분 체계나 징발과 관련해서 규정된 항목으로 여겨진다. 여기에 나이를 기재하는 호적간 자료도 발견되었다. 어찌되었든 중국의 고대 국가는 일찍이 국가가 징수 및 통치를 위해 호를 단위로 개개인의 파악까지 시도하고 있었음을 알 수 있다.

    이러한 개별호의 파악에 기초하여 조세 징수가 이루어진 사실을 알려주는 자료로 정리늠적鄭里廩籍이 있다.胡北省文物考古研究所, 2012 이 자료는 정리鄭里라는 곳의 조세 징수 내역을 지역 총액수와 호별 구수와 토지 면적, 진대賑貸 액수 등을 기록한 것이다. 이 자료는 서한西漢(B.C. 202~A.D. 8) 시기의 것이다. 이 이후에도 중국의 역대 왕조 국가들은 호별로 개개인의 인적 사항과 함께 호 단

위의 경작 토지 면적, 조세량 등을 병기하는 호적 자료
가 발견된다. 호를 단위로 하는 조세 징수 내역을 호별
구성원의 인적 사항과 함께 기록한 것이다.

호적 자료의 또 다른 형식은 천장한묘목독天長漢墓木牘
에서 찾을 수 있는 지방의 호구부다. 이 자료는 향촌의
호구조사 결과를 모아 군현郡縣 단위로 지역별 호구 통
계를 보여준다. 산하 행정단위인 '향鄕'별로 보고된 호
구를 집계하여 다시 상부 기관에 보고하기 위해 작성되
었다. 마찬가지로 전한 중기 초의 자료로 여겨지고 있
다. 이러한 행정구역별 통계자료에는 호구부만 기록한
사례도 있으나, 이 자료에는 그것에 더해 목간 뒷면에
지역마다 조세 징수 총액을 '산부算簿'로 병기하였다. 여
기서 '산算'은 조세량이며 '복산復算'은 조세 면제량을 뜻
한다.

〈앞면〉

호구부戶口簿

총 9,169호, 전식년에 비해 감소 戶凡九千一百六十九少前

40,970구, 전식년에 비해 감소 口四萬九百七十少前

동향 1,783호, 7,795구 東鄕戶千七百八十三 口七千七百九十五

도향 2,398호, 10,829구 都鄉戶二千三百九十八口萬八百一十九

(……)

〈뒷면〉

산부算簿

집계 8월 조사, 산 20,009, 복산 2,045 集八月事算二萬九復算
二千卌五

도향 8월 조사, 산 5,045 都鄉八月事算五千卌五

동향 8월 조사, 산 3,689 東鄉八月事算三千六百八十九

(……)

    중국 고대국가의 호적은 이렇게 개별 호구를 기록한 것과 거기에 호별 조세 관련 액수를 병기하는 것, 그리고 행정단위로 호구 총액을 집계한 것 등이 있다. 그런데 당대唐代 이후에 호구조사가 형식화하여 사실 그대로의 가족과 인구를 기록하지 않는 경향이 있다고 한다. 호적이 지역 내부의 총액수에 기초하여 일부 주민에 대해서만 일률적인 형식으로 편제되어 가족의 현실과 점차 괴리되어가는 점이 지적된 것이다. 따라서 상대적으로 이전 고대국가의 호구조사가 현실에 부합할 수도 있다는 것이다. 그러나 비록 호적이 주민의 신고에 의거하여 작성된다고 하나, 본래 국가의 필요에 응하여 재편된다는 점은 어느 시기나 기본적으로 동일하다.

진간秦簡이 다량으로 발굴되기 전까지 호적 연구는 둔황문서敦煌文書로 잔존했던 인구조사 기록의 파편에 의거했다.池田溫 1979 둔황에서 발견된 호적 자료는 주로 종이 자료로 남아 있는데 인적 사항을 기록한 호적에서 두 가지 유형을 발견할 수 있다. 하나는 위의 '리야진간'과 같이 호주와 호 구성원의 개별 인적 사항만 기록한 것이다. 다른 하나는 구성원을 남녀, 역 부담 연령별 통계로 제시할 뿐 아니라, 그 호에 부과된 조세량, 가축과 경작 토지 수량이 병기된 것이다. 호구조사가 호의 노동력과 경제력에 근거한 징병 및 징세에 목적이 있었음을 의미한다.

호적을 작성하는 방법은 또다시 두 가지로 행해진 듯하다. 하나는 호등제戶等制에 의한 것이고 하나는 호총戶總에 의한 것이 그것이다. 호등제는 호의 규모와 경제력에 따라 차등적으로 파악하는 방법으로 호에 부과되는 부역과 과세를 그에 따라 균등하게 하려는 이념에 의거한다. 중앙정부가 개별 호마다 그것을 일일이 파악하고 있어야 한다. 호총이란 호구부 통계와 같이 지역별 총호수를 말한다. 행정구역별로 호총에 따라 부과액을 할당하는 방식으로, 그것은 호마다 일정한 부담을 전제로 계산된다. 따라서 지역에서는 가능한 일률적 구성으로 호를 편제하여 호총에 따라 일정 호수를 확보하면 되었다.

중앙정부가 개별 호구를 일일이 파악하는 것이 비효율적이므로 호구 파악과 부역 및 조세 할당은 지방정부에 위임하는 것이 현실적이었을지 모른다. 호총의 설정은 지방정부의 많은 역할이 기대된 호구조사 방법이라 할 수 있다. 대체로 6~7세기의 수隋·당唐 시대에는 호적 제도가 확립됨과 동시에 호적이 점차 형식화되어 현실의 가족과 괴리되는 현상이 진행되었다. 호구조사가 소홀해진 것인지 호구조사 방법이 변화한 것인지는 분명치 않다. 그러나 제국 질서 확립을 위한 호구 편제에는 호구 관련 문서 양식의 일원화가 함께 진행된 점도 고려할 필요가 있다.김경호 2017

송宋·원元 시대의 호적에는 호주의 이름 앞에 '장인匠人'과 같은 현실의 직업이 기재될 뿐, 고대 왕조의 호적에서와 같이 관직이나 군역을 비롯한 국역國役 부과, 즉 직역役의 기재가 소멸한다는 특징을 보인다. 손병규 2017 당대까지 중국은 농민이 불의의 전쟁에 나가거나 변방에 번을 서는 병농일치兵農一致의 군역 제도가 시행되었지만, 당 말에 전문 군대를 양성하면서 병농이 분리되었다. 병사의 전투 능력이 높은 수준으로 요구되는 반면, 농사 노동력을 요하는 농업이 발달함으로써 농민은 농사에 전념하는 대신에 군대 유지 비용을 세금으로 대납하게 된 것이다. 농민의 호적에 군역을 비롯한 국역이 기록되지 않은 이유이다.

이와 동시에 중국 고대의 신분제였던 '양천제良賤制'가 붕괴되어 '천인賤人'인 '노비'의 존재가 호적에서 사라진 것도 송대 인구정책의 커다란 전환이었다. 모든 국민이 국가에 세역稅役의 의무를 다하는 '양인良人'임과 동시에 과거에 응시하여 관리로 등용될 수 있는 자격을 갖게 되었다. 모든 국민이 평등하게 황권이나 왕권으로 상징되는 국가로 중앙집권화된다는 '왕토왕민王土王民'의 통치 이념이 신분제 측면에서 실현되었다고 할 수 있다. 후술하듯이 조선 후기까지 양천제를 존속시키면서 중앙집권화를 꾀하는 한국의 경우와는 이 점에서 커다란 차이를 보인다.

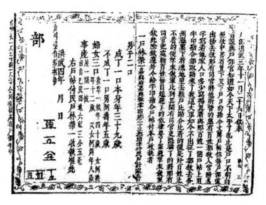

중국 명대의 호적.

　　송원대의 호적에는 신분과 직역은 기재되지 않지만, 호구의 인적 사항과 함께 경작 토지와 가축, 생업 등의 기록들이 병기되었다. 朱政 2017 고대사회부터 호적은 토지 경작에 근거한 조세 징수와 관련하여 작성되었다. 왕토를 고르게 분배하여 왕민이 생계를 영위하게 하고, 그 대신에 조세를 균등하게 책정한다는 '균전均田', '균세均稅'의 이념이 호적상의 호를 단위로 적용되었던 것이다. 여기에는 원칙적으로 균등한 경제력을 갖는 형태로 호구를 편제할 것이 전제된다. 반면에 현실적으로는 호마다 경제력 격차에 따라 조세와 부역이 부과되는 '호등제^{戶等制}'가 적용되기도 했다. 이것은 구휼 정책을 호마다 차등적으로 시행하는 데에도 효과적이었을 것이다.

명대_{明代}에는 10호를 1갑_甲, 110호를 1리_里로 지방 사회를 조직하여 부세와 노역을 부담시키는 '이갑제_{里甲制}'가 실시되었다. 경제적 위상의 격차를 고려하여 호를 편제하고 10년 간격으로 윤회하며 부역을 담당하도록 했다. 동시에 호에 따라 세역을 분담하는 '부역황책_{賦役黃冊}'을 작성케 했는데, 이 장부가 호적과 같은 역할을 한 셈이다. 손병규 2011a 경제적 위상의 변화에 따라 10년마다 장부상의 호가 재편되었다. 균등한 세역을 분배하기 위해 호의 차등성을 고려한 편제가 이루어졌다고 할 수 있다.

명대 이후로 국가에 대한 '국역' 부담을 경작 토지의 규모에 따라 부과하는 경향이 강해졌다. 지방정부의 재정은 여전히 호구조사에 근거한 부역 징수나 부가적 토지세로 운영되었지만, 중앙정부나 변경 지역의 재정 수요는 거의 다 토지세 징수로 전환되어갔다. 일찍이 집약적인 소농 경영이 발달하여, 인구 파악에 근거한 노역 동원보다 토지 생산에 근거한 조세 징수가 재정 수요 확보에 더 안정적이었다. 토지 규모와 토지 소유자를 조사하는 '어린도책魚鱗圖冊'이라는 토지대장을 작성해 왔는데, 개인의 토지 소유 규모에 따라 조세를 납부하면 되므로 여기에 호구 편제를 결부시킬 필요는 없었다.

더구나 명대 말기에 세역 부담을 연 1회 은으로 환산하여 징수하는 '일조편법一條鞭法'이 시행되었다. 岩井茂樹 2004 강남 지역의 상업 발달에 연유하는 '은본위제'의 성립과 관련이 있는 것으로 보인다. 이것은 청대淸代에 들어와 토지세로의 지은地銀과 호구 편제에 의한 정은丁銀을 일괄 징수하는 '지정은' 제도로 계승되었다. 부역 징발이 은납화하면서 이마저도 토지세화하고, 또한 지역 단위로 부역이 부과되는 경향이 있었기 때문에 이제 이갑제의 호구 편제는 효율성이 없어졌다고 할 수 있다.

그러나 청대에는 특수 집단의 인구를 파악하기 위한 호적이 작성되고 있었다. '한군팔기인정호구책漢軍八旗人丁戶口冊'이라는 요녕 호적遼寧戶籍이 그것이다. 定宜莊 외 2004 만주족의 팔기제八旗制에 기원을 두는데, 청의 발원지인 만주족 수도 선양瀋陽을 중심으로 만주족을 위시한 주변의 여러 민족들과 팔기 제도에 편입된 한족 이주민자들에 대해 청황실이 특수 관할 지역으로 선정하여 인구를 조사하고 이동을 통제했다.

이 요녕 호적은 이갑제하의 호적보다 폭넓고 정확한 정보를 제공하고 있다. 3년마다 정기적으로 작성되는 호적에는 정호丁戶가 여러 개의 영호領戶로 나뉘고 각 영호마다 호수戶首와 가족이 등재된다. 명대 이전의 호적에 비해 요녕 호적은 상대적으로 충실한 호구조사였다고 할 수 있다. 하지만 이 호적에 기재된 자들의 남녀 연령 분포를 살펴보면, 젊은이들이 현저히 누락되어 있음이 발견된다. 이 호적도 작성 의도에 따라 호구가 선별적으로 등재된 것임을 말한다. 청황실의 호위와 재정을 위해 재원을 지원하는 주민에 대해 그 가운데 치안과 생산의 안정화를 꾀할 수 있는 인구에 한해서 호구가 편제되었을 것으로 추정된다.

명대에 이르는 기존의 호적과 다른 두드러진 차이점은 조祖, 부父와 같은 족보의 가장 기본적인 요소, 즉 세계世系를 구비하고 있다는 점이다. 이 '인정호구책' 형식으로 존재하는 호적 가운데에는 일족 전체의 구성을 별도로 열거하는 기록도 발견된다. 또한 정부는 '가보家譜'와 '가보도家譜圖'의 형식으로 별도의 기록을 호적과 함께 신고하도록 했다.邱源媛 2015 이 가보에는 남성들이 가족의 세계에 따라 세대별로 나열되어 있는데, 여성에 대한 기록은 전혀 없다. '승습책承襲冊'이라 하여 팔기의 인정이 부父의 세직世職과 세작世爵을 계승하도록 정부에서 내린 조서들도 존재한다. 정부가 호구조사와 함께 인민을 부계 집단으로 파악하려 한 것으로 여겨진다. 이것은 정부가 족보 편찬에 관여하는 일종의 '관찬족보官撰族譜'라고 할 수 있다.

중국 고대의 귀족 사회에서는 귀족 신분에 대한 인구조사의 한 방법으로 족보를 편찬토록 했다. 관리는 귀족 가운데 임명되고 승진할 수 있으므로 귀족으로의 혈연적 정통성을 확인하기 위해 정부가 족보 편찬에 관여한 것이다. 관찬 족보가 특정 신분에 대해 작성되는 것과 같이, 요령성 지역 이주민 호적도 특수한 신분 집단에 대한 조사라는 점에서 관찬 족보의 편찬으로 이어질 여지가 있었다고 할 수 있다. 후술하듯이 조선 시대 호적에는 부부 각각에게 부, 조, 증조, 외조를 일컫는 '사조四祖'를 기록하고 있다. 일찍이 송대부터 신분제가 해체되었던 중국과 달리, 한국은 조선 시대까지 신분제가 존속했다는 사실과 관련이 있다.

반면에 귀족 신분이 소멸한 것에 대응하여 송대에는 민간에서 자율적으로 족보가 편찬되었으며, 그것은 부계 친족 집단을 형성하는 데에 기여했다.井上徹 2002 이러한 현상은 신분제를 해체하여 모든 인민에게 관리가 될 수 있는 길을 열어놓은 중앙집권적 정치 지향에 그리 달가운 일은 아니었다. 이후로도 국가와 민 사이에 존재하는 중간적 집단의 존재는 억제되기 어려웠다. 중앙 권력이 개별 가족과 개인에게 직접적으로 고르게 미칠 수 있는 전제 국가의 정치 이념과 그것에 의거한 인구정책의 실현은 중앙정부로서는 쉽지 않은 과제였다.

중국은 일찍부터 광범위한 국가 통치를 경험했으며, 지역간의 유통이 긴밀해지는 역사를 걸어왔다. 그러나 국가 규모가 지리적으로 더욱 광범위해짐에 따라 국민으로 수용되는 인구도 점차 늘어났으며, 그만큼 내부 경쟁도 심화되어간다는 반작용이 있었다. 중국의 인구정책은 민간과 지방정부의 자율성을 수용하면서 중앙집권적 정치 이념 실현의 방향성을 견지하려고 하는 특징을 갖는다.

3 일본 전통 사회의 인구조사

중국과 같이 일본도 고대사회부터 호적을 작성하였는데, 3백 년간 20여 점이 분산적으로 현존한다.鬼頭 宏 2000 702년의 호적은 나라奈良의 수도인 후지하라藤原성을 축조하기에 앞서 반전수수제班田收授制를 시행하기 위해 작성되었다. 말하자면 귀족의 토지겸병을 막고 농민이 토지를 소유하도록 함으로써 군국의 기반을 확보하여 중앙집권적인 통치 체제를 실현하고자 하는 제도하에 호구조사가 이루어진 것이다. 이 호적의 기록은 호구조사의 기술과 경비 마련, 조사 체계가 완비되어 있었음을 짐작케 한다. 현존하는 20여 점의 호적에는 남자가 여자보다 적으며 그 가운데에서도 20~30대가 적게 나타난다. 징병과 노역 징발을 피하고자 하는 현상으로 이해되고 있다.

일본 고대 율령제律令制 사회에서도 집권적인 국가 형태를 갖추기 위해 중국 고대국가의 호적을 본받아서 호구조사를 실시했다. 일본의 호적 연구에는 호적상 '호'의 실체를 어떻게 볼 것인가 하는 논의가 분분했다. 즉 호구조사의 목적에 따라 호가 편제되었다는 '편제호설'과 '호'를 당시 농업경영의 기본 단위로 보면서 '실태 가족'으로 인식하는 '자연호설' 등이 제기되었다. 한편으로는 징세의 기본 대장이라는 호적의 성격을 고려하여, 사료상 실태 가족으로 판단되는 '가家'와 호적상의 '호'의 관계에 관심을 두는 호의제설戶擬制設이 제기되기도 했다. 가족 구성을 균등한 호로 편제하여 호내 구수口數를 유지하면서 지역의 호구 총수로 제시하는 것인가, 자연적으로 형성된 실제의 가족 규모에 따라 차등적인 '호'로 등재하는 것인가 하는 논의는 중국 호적에 대한 평가와 일맥상통하는 바가 있다.

이후 10세기 전후에 일본의 인구는 정체되거나 감소한 것으로 추정되고 있다. 율령제하의 수전水田 개발에 대신해서 지방의 분권적인 장원 영주에 의해서 진행되는 토지 개발이 한계에 이르면서 식량 생산이 위축된

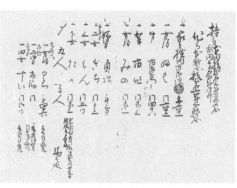

일본의 인별개장.

결과로 이해되고 있다. 중앙정부에 의해 통치되던 율령
제 사회가 종식된 이후에는 호적 작성이 중단되었다. 그
러다가 16세기 말~17세기 초에 광범위한 인구조사가
다시 시작되었다.

16~17세기는 인구 혁명의 시기로도 불린다. 당시 일
본에서는 각지의 영주들이 서로 전쟁을 벌이는 전국시
대戰國時代를 맞이하고 있었는데, 각자의 영내에서는 토
지 개발과 소농민의 자립화가 진행되었다. 모든 여성이
혼인하여 소가족을 형성할 수 있는 개혼 사회皆婚社會가
형성되어 출생률이 상승하고 있었던 것이다. 영주들은
영지 변두리에서 국지전을 펼쳐 농업 생산에 지장을 주

는 일을 피하여 원격지 전투로 전쟁을 확산시켰다. 이에 따라 영지마다 동원할 수 있는 물적·인적 자원과 물자 수송 인원, 가축 수, 선박 수 등이 파악될 필요가 있었다. 국가의 일률적인 호구조사는 아니지만 호적과 같이 가족을 단위로 성별을 비롯한 가족 관계와 이름, 나이가 기재되는 주민등록 형태의 자료였다. 여기에 토지 및 가축과 관련한 기록이 첨가된 경우도 있어 '인축개장人畜改帳'이라고 불린다.

17세기 초에 여러 차례 쇄국이 단행되었다. 1613년 12월 기독교 금지 법령이 발포되면서 선교사가 추방되고, 1639년 제5차 쇄국령으로 일본인의 해외 도항 및 귀국이 금지되었다. 速水融 2012 이와 더불어 가족의 인적 사항을 기록하는 형태를 빌려 집마다 가족 구성원 각자가 소속하는 불교 종파명, 사원명을 기록하는 신앙 조사를 1634년 이후 '종문개장宗門改帳, SAC'이라는 이름으로 실시하였다. 당시에 예수와 마리아상이 부조된 그림을 밟게 함으로써 '답회장踏繪帳'이라는 별칭도 있다. 여기에 이전부터 연령, 경제력에 관한 사항을 기재하여 작성되어오던 '인별개장人別改帳, NAC'의 형식을 취하면서 '종문인별개장宗門人別改帳'으로도 불렸다.

일본 근세 사회는 개별 영토를 영주가 분권적으로 지배하는 지역과 함께, 막부가 집권적으로 통치하고자 하는 지역이 확보되어 있었다. 종문개장은 우선 막부 관료와 불교 사원의 승려들이 동참하여 막부 직할지인 천령天領에 시행되고 이후 영주인 다이묘大名의 영토에도 조사가 확대되었다(1671). 영지에는 부역 부담 능력을 조사하던 장부가 존재했고 종문개장이 작성되기 시작할 때에 지역마다 파악되는 인구 총수를 '인수개지장人數改之帳'으로 파악하도록 했다(1634). 따라서 종문개장은 신앙 조사인 동시에 인구조사이기도 했다. 1721년에는 막부가 각지의 종문개장 혹은 인별개장에 기재된 인구수를 합산하여 전국 인구조사를 실시함으로써, 신앙 조사를 초월하는 인구 요소가 가중되었다.

종문개장은 가족 단위로 구성원이 등재되는 두 가지 형식을 가지고 있다.速水融 1997 그 하나는 조선왕조 호적이 현재 거주하는 자에 한정되는 '주민등록'의 형태인 것과 같이 구성원이 이동한 사실을 일일이 기록하는 현주지주의現住地主義의 기재 방식이다. 또 하나는 출생 시부터 등재되었으나 이후 타지로의 이동을 알 수 없는 본적지주의本籍地主義 기재가 그것이다. 종문개장은 매년 새롭게 작성되는 것이 일반적이나, 본적지의 한 장부에 구성원의 출입, 이동이 있을 때마다 삭제와 첨서를 거듭하는 경우도 있었다. 명치明治정부는 1872년에 새로운 형태의 호적을 작성하기 시작했는데, 이때에 작성된 '명치호적'은 본적지의 장부에 구성원의 제적과 가입을 기록하는 이러한 형태를 승계한 것으로 보인다. 식민지 조선에 실시된 호적은 바로 이 명치호적의 형식에 준하여 작성된 것이다.

일본 고대국가에서 작성되었던 호적이 명치 정부에 의해서 다시 시행되었다는 것은 일본에서 중앙집권적인 통치 체제가 재기되었음을 의미한다. 동아시아적 전통이라할 수 있는 중앙집권적인 전제 국가의 호구조사가 근대적 인구조사에 앞서서 시도된 셈이다. 일본 근세의 종문개장도 각 영지에 대한 영주의 일원적 통치의 결과물이며, 막부의 집권적 지배가 확산되어가는 과정에서 작성되었다. 이 점에서 전국적으로 명치호적이 작성되기에 이르는 인구조사의 전사를 이룬다고 할 수 있다. 速水融 1993

한편, 막부나 개별 영주의 집권적인 인구조사와는 별도로 무사 계급을 위시한 상층에서 민간 차원의 족보가 '가보家譜'라는 이름으로 편찬되고 있었다. 일본은 중국이나 한국과 달리 과거 시험으로 관료를 채용하는 일이 없어, 일본 고대의 율령 체제律令体制가 붕괴한 후에는 가문의 나라가 되었다. 가문은 왕조 귀족王朝貴族인 공가公家와 무가武家는 물론, 기타 직책자도 그것을 가업으로 삼아 일족이 종사했다. 그 때문에 계보도상의 증명이 필요했으니, 그런 의미로 가계도는 본인이 속한 가문, '이에家'의 유래를 밝히는 자료로 중요했다. 『존비분맥尊卑分脈』은 11~16세기에 걸친 '공가'의 계보도집인데, 성씨 조사의 기본 대장으로 14세기 말 전후에 편찬되었다.松薗斉 2002 정부가 왕조 귀족을 관리하기 위해 가문의 계보를 집대성한 '관찬족보'의 성격을 갖는다.

에도江戸시대 중기가 되면 막부나 각 영지에서 영주다이묘大名를 비롯한 가신, 번사藩士, 향사, 또는 부유한 농민과 상인들의 가계도가 성황리에 편찬되었다. 에도 시대 가보家譜는 단독 가독상속 관습에 따라 한 줄기의 단선 계보 형태를 나타낸다. 가독을 상속받지 못한 형제들은 평생 독신으로 살거나 독립해서 일가를 이루면 분가하여 새로운 가문을 창출하게 된다. 지방의 번에서는 영지 내 여러 계층의 가보들을 망라하는 가계도집이 편찬되고 있었다. 번주의 명에 따라, 혹은 가신이 제가諸家가 소장하고 있는 고문서나 가계도를 가지고 가보들을 집대성한 '번벌열록藏藩閣閥錄', '제가계보諸家系譜' 등을 편찬하여 번주에게 헌정했다. 하기萩 번의 번주 모리 요시모토毛利吉元가 명하여 1720~1725년에 편찬한 것, 동북부 모리오카盛岡 현의 번주 남부南部 씨 가문을 비롯하여 번의 무사 1천7백여 명에 이르는 가계도 모음집 등이 그것이다.中澤克昭 2002

18세기 말~19세기 초에는 막부가 이러한 계보도를 전국적으로 전면 개정, 확충하는 가계도집도 편찬되었다. 무사 계급을 전반적으로 장악하기 위해서다. 명치유신 이후에는 무사 계급이 소멸하여 그들의 가보가 편찬되지 않고 대신에 호적을 통해 국민을 파악하였다. 그러나 천황 황실의 계보와 귀족 계급인 화족華族 의 계보는 이후에도 편찬되었다. '황통보皇統譜', '근위가계도近衛家系圖' 등이 그것이다.

일본의 가보는 단순히 민간에서 혈연집단으로 결집하여 자위력을 확보하기 위해서만이 아니라 정부의 신분제적 인민 지배를 위해 편찬되었다. 종문개장과 같이 지방의 영지 단위이든 전국적 범위이든 집권적 통치를 강화해가는 과정에서 도출되었던 것이다. 정부가 신분제적 지배 구조를 유지하기 위하여 편찬에 관여한 족

보는 류큐琉球 왕국의 가보에서 분명하게 확인할 수 있다.田名真之 2002

　류큐 왕국의 족보는 '세계世系'라고도 부르나 일본의 경우처럼 '가보家譜'라고 부르는 것이 일반적이다. 간혹 '계도가보系圖家譜'라고도 하는데, '계도'라 한 것은 가보의 성격을 달리하는 정책적 전환에서 기인한다. 1689년에 류큐의 왕부는 왕도인 슈리首里성에 '계도좌系圖座'라는 부서를 만들어 가신단에게 가보를 편찬하여 제출할 것을 명했다. 국왕이 가문을 단위로 신분을 편성하면서 가보를 제도화한 것이다. 기존의 계보를 기술하여 두 부를 만들어서 한 부는 계도좌에 보고하고 한 부는 가문에 보관했다. 이후 4년마다 변동 사항을 보고하여 국가의 승인을 받아서 가보에 등재하게 되었다. 왕족과 사족에 한정되었지만, 가보가 국가에서 편성하는 호적과 같은 역할을 수행했던 것이다.손병규 2016

　류큐 왕국의 사족은 일본과 같은 사무라이, 즉 무사 계급이 아니라 왕부의 관직자 가족을 말한다. 그런데 이들은 국가 이데올로기로서의 유교를 받아들이고 부계 계통 의식과 문중 의식을 도입했다. 류큐 사회는 기본적으로 부계와 모계의 '쌍계 사회雙系社會'로 알려져 있다. 그러나 사족들은 집에 위패를 안치하고 가문의 묘소를 조성하며 선조 제사를 지내는 엘리트 집단으로 형성되었다. 류큐 왕국 사족들이 이러한 유교적 교양과 지식 및 학문을 수양하는 것을 존중한 데에는 중국의 화교 계통인 쿠메무라久米村 사람들의 영향이 컸다.

슈리성 계도좌系圖座에 제출되었던 계보도에는 첫 번째 선조의 이름이 있는 곳에 '수리지인首里之印'이라는 관인이 찍혀 있다. 계보는 출생한 순서대로 자식들을 기록하는데, 아버지로부터 선을 연결하여 가운데부터 우로 좌로 왔다 갔다 하는 순번으로 등재되었다. 이것은 위패를 모시는 소목昭穆의 원리가 적용된 것이다. 계보는 그러한 순번으로 남녀를 구분하지 않고 출생순으로 등재되었다. 또한 류큐 가보의 계보도에는 아래로 자식들의 계보를 선으로 이을 수 있는 자가 주로 장남 한 사람밖에 없다. 다른 형제들은 그들 후손과 함께 별도의 가를 형성하여 다른 가보를 가지고 등재되었다. 일본의 가보와 동일한 방법이다. 『씨집氏集 : 首里·那覇』이라는 책은 왕부의 계도좌에 보관되어 있던 가보의 총목록집으로 19세기 중엽에 정리되었다. 이 책에 사족 종류별로 가보 목록을 신고 있는데 왕부의 일원적인 신분제 통치를 나타낸다.

3장

한국 인구 관리의 역사, 호적

1 한국 고대 왕조의 호구조사

중국의 고대국가들이 징수와 통치를 위한 수단으로 사용해왔던 호구 파악은 한반도에 적용되었다. 한국도 중국의 호적을 본받아 집권적 국가의 통치 체제를 갖추기도 했으며, 중국 고대국가가 한국을 침입하면서 실시되기도 했다. 한반도에 호구가 조사된 것을 알 수 있는 최초의 사례는 평양 고분에서 최근에 발견된 '낙랑유적樂浪遺跡'의 호적 목간이다. 윤용구 2009 자료 이름 그대로 '낙랑군초원사년현별호구부樂浪郡初元四年縣別戶口簿라고도 부른다. 평양 정백동에서 발굴되어 학술 잡지에 소개된 것을 최근에 다시 분석했다.

낙랑유적에서 나온 낙랑군초원사년현별호구부.

낙랑군초원사년현별호구다소 ■ 부

樂浪郡初元四年縣別戶口多少 ■ 簿

조선 9,678호, 전식년보다 93호 증가.

朝鮮戶九千六百七十八多前九十三

56,890구, 전식년보다 1,862구 증가

口萬六千八百九十多前一千八百六十二

남한 2284호, 전식년보다 34호 증가.

誹邯戶二千二百八十四多前三十四

14,337구, 전식년보다 467구 증가……

口萬四千三百三十七多前四百六十七……

총계 43,835호, 전식년보다 584호 증가.

凡戶四萬三千八百三十五多前五百八十四

280,301구 ……

口二十八萬三百一 ……

낙랑군은 한사군漢四郡(B.C. 108~A.D. 313)의 하나로,
'낙랑군초원사년'은 기원전 45년을 말한다. 당시 낙랑
군이 관할하던 25개 현의 호구 수 총계와 이전 조사 식
년式年에 대비한 호구 수의 증감을 나열한 것이다. 말미
에 낙랑군 호구 총계와 전식년 대비 증감이 기록되었
다. 이 자료는 중국 고대국가 호적의 '호구부' 형식에 해
당한다.

앞에서 언급한 중국 전한 시기의 '천장한묘목독天長漢
墓木牘' 호구부가 향 단위의 호구 수를 집계한 현 단위의
호구 총수 기록이라면 이것은 현 단위의 호구 수를 집
계한 군 단위의 호구 총수 기록이다. 위의 중국의 호구
부 사례에는 호구 수가 대체로 감소하는 것으로 기록되
었는데, 이 자료에서는 모든 현의 호구 수가 증가한 것
으로 되어 있다. 낙랑군 통치 질서가 안정화되어 호구
파악이 일상적으로 실시되는 상황에서 작성된 것이라

할 수 있다.

당평백제비唐平百濟碑 또는 大唐平百濟國碑銘는 신라가 당을 끌어들여 삼국을 통일할 때에 중국 당나라 소정방蘇定方(A.D. 592~667)이 백제를 무너트린 기념으로 660년에 충청남도 부여에 세워졌다. 비문에는 "두루 5도독 37주 250현을 두었다. 호는 24만이며 구는 620만으로 고르게 편호하여 이풍을 모두 고쳤다凡置五都督 三十七州 二百五十縣 戶二十四萬 口六百二十萬 各齊編戶 咸變夷風"고 되어 있다. 지방 행정 체계를 재정비하고 호구를 편제하여 통치 체제를 중국식으로 변경했다는 말이다. 정복지의 주민을 일제히 다시 편호한다는 말은 호구조사가 본래 편제를 방법으로 하는 것임을 시사하는 한편, 정복지 주민이 재빠르게 정복자의 의도에 따라 편제되었을지에는 의문이 남는다. 이미 백제는 호적 제도가 실시되어 백제 주민들의 호구가 편제되어 있는 상태였다고 보는 것이 타당하다.

백제는 멸망하기 전부터 지배 질서를 체계화하고 호구를 파악하고 있었다. 『삼국사기三國史記』의 「잡지雜志」 직관 하職官下 조에는 『북사北史』—중국 남북조시대 북조北朝, 즉 위魏 북제北齊 주周 수隋의 역사서—의 백제 관등제官等制 설명을 인용하여 외관外官의 부서로 호구를 조사하던 점구부點口部, 재무부에 해당하는 주부綢部 등이 설치되어 있음을 기록하고 있다. 그리고 이어서 지방 제도로 "10군郡이 있고, 군마다 장수 3명이 덕솔德率로 존재하여 군사 1천1백 명 이하, 7백 명 이상을 통솔한다"고 되어 있다. 호구조사에 기초하여 지방군 조직을 형성한 것으로 보인다.

고구려의 광개토왕비廣開土王碑에는 수묘인 연호가 총수 330가家라고 기록되어 있다. 광개토대왕의 능을 지키는 데에 필요한 인원이 각 지역마다 여러 호씩 배정되었다. '연烟'이란 한자는 '굴뚝'을 의미한다. '연호'라 하였으니 수묘인은 원칙적으로 공동 취사를 행하는 하나의 가족을 단위로 파악되었음을 알 수 있다. 연호의 통계단위를 '가'라고도 표현하였는데, '호'와 '가'의 관계는 알 수 없으나 여기서는 일단 같은 의미로 쓰였다. 고대국가는 가족을 '호'로 파악하고 특정 호에 수호인을 차출한 것이다. 특정 노역을 수행할 자를 신분제 위에 설정하여 노동력을 징수했다고 할 수 있다. 노동력 징발에 대신해서 재화로 납부했는지, 그 과정에서 수호인 연호가 수호인을 징발하는 권리로 탈바꿈하게 되었는지, 그것은 고대사의 상상력에 맡길 수밖에 없다. 광개토대왕은 고구려 제19대 왕으로 기원후 412년에 죽었다. 광개토왕비는 이후에 세워졌지만, 왕묘를 지키는 수묘인의 제도는 이전부터 시행되고 있었을 것이다.

고구려에는 호구조사에 의거하여 노역의 징발만이 아니라 인세人稅와 호세 징수도 진행되었다. 중국의 역사서 『수서隋書』의 고려전高麗傳(즉, 고구려)에는 인정人丁과 유인游人으로 나누어 인세를 출세하고 호세인 호조戶調는 상차하上次下 3등호제로 나누어 차등적으로 ─각각 1석, 7두, 5두─ 출세했다고 한다.

한편, 호적은 조세 징수나 징발을 위해서만 파악된 것은 아니다. 『삼국사기三國史記』의 고구려 고국천왕故國川王 16년(346)조에는 진대賑貸와 관련하여 호구조사를 행한 기록을 발견할 수 있다.

"16년 7월에 서리가 내려 곡식을 해쳐 백성이 굶주리므로 창름倉廩을 열어 진급賑給하였다. (……) 중외(中外)의 관리에게 명하여 환과고독鰥寡孤獨과 노병老病 과빈핍貧乏으로 자존自存치 못하는 자는 널리 물어 구휼救恤케 하였다. 또 유사有司에게 말하기를, '매년 3월부터 7월까지 관곡官穀을 내어 백성 가구家口의 다소에 따라 진대賑

貸하되 차등差等을 매기고, 10월에 이르러 관에 환납還納케 하라' 하고 (그것을) 상례常例로 삼으니 전국이 크게 기뻐하였다."

　　고구려는 광개토왕에 앞선 선왕대에 이미 재정 지출을 위해 호구를 조사하고 있다. 식량을 나누어주어 진휼하기 위해서는 홀아비, 과부, 고아, 독신자들, 그리고 늙고 병들고 가난한 자들까지 일일이 파악해야 실효를 거둘 수 있다. 진휼을 위한 호구조사는 조세를 납부하거나 징발에 응할 능력이 있는 자들을 중심으로 파악하는 호구 편제와는 다를 듯하다. 하지만 호구조사가 모든 백성에게 열려 있으며, 일상적으로 실시되고 있음은 분명하다. 모든 백성에 대한 일률적인 호구조사와 조세의 출납을 통해 중앙집권적 통치 체제를 만들어가는 고대국가의 모습을 확인할 수 있다.

　　백제에도 관의 주도하에 '식미食米'를 빌려주고 회수하는 실무를 기록하고 있는 '좌관대식기佐官貸食記' 목간이 출토되었다.이용현 2008 사람 이름을 적고 그 뒤로 본래 몇 석의 벼를 가지고 갔는지, 그 가운데 몇 석을 갚았으며上 몇 석을 아직 갚지 못했는지未를 기록한다. 목간의 앞면은 이렇게 6명의 '대식貸食'과 상환 상황을 기록하고 뒷면에는 네 명의 상황과 함께 총 대식량과 상환량을 기록하였다. 물론 상환해야 하는 곡물량은 이자를 쳐서 본곡보다 많은 근 50퍼센트의 식리다. 조선 시대 진흉과 재원 비축을 목적으로 실시되었던 환곡還穀이 감가상각비 조로 모곡耗穀 10퍼센트를 더 받는 것에 비해 상당히 높은 이자율이다. 그러나 관에서 빌려주고 다시 받은 곡물의 상환율이 58퍼센트에 지나지 않는다. 지방관이 회수를 달성하지 못했다는 것을 탓하기 전에 이 재원이 이미 진흉을 위한 소비성 재원이었음을 짐작할 수 있다. 이 자료는 7세기 초의 것으로 추정되는데, 위의 고구려의 진대와 같이 호구조사가 병행되었을 것으로 보인다.

신라의 법흥왕法興王도 520년에 관인층의 의관 제도를 중심으로 율령律令을 반포하여 집권적 통치 체제를 천명했다. 이후 지방행정과 인력 동원을 비롯하여 호적 제도의 실시를 추측할 수 있는 기록들이 산재하나 호구조사의 실체는 '신라촌락문서'에서 확인할 수 있다. 이것은 호구 기록에 주목하여 '신라장적新羅帳籍'이라 불리기도 했지만, 호마다 구성원의 이름과 나이 등을 기록하

신라촌락문서 일부.

고 그것을 행정구역별로 묶어놓은 호적 장부는 아니다. 한 지역의 호구 및 조세 통계를 제시하고 있어 중국에서 일찍부터 작성되었던 '호구부' 형식에 해당한다. 이것은 현재의 충청도 청주 지역에 해당하는 서원경西原京 산하 네 개의 행정촌에 대한 조사 기록이다. 신라 내성內省에서 작성한 것으로 여겨지며, 작성 시기는 8~9세기 전후로 폭넓게 잡고 있다.

호는 광개토왕비의 '수묘인연호'와 같이 '연烟'이라

표현되어 '상상, 상중, 상하…… 하하' 하는 식으로 아홉 개로 호의 등급을 구분했다. 호의 등급에 따라 각 행정촌의 '연인睓人', 즉 호구 수를 기록하고 지난 3년 동안의 호구 증감을 표시했다. '연'의 규모는 '공연孔睓'이라 해서 큰 규모의 대호大睓도 존재했지만, 대체로 부부가 한 쌍만 있는 단혼 소가족이 일반적이다. 사회인류학이나 역사인구학에서 일찍부터 소가족이 광범위하게 존재했다는 연구에 비추어보면 이들 '연호'가 비록 편제된 것이지만 가족 규모의 현실이 반영된 것으로도 이해된다. 개인의 규정으로는 국가의 의무를 정식으로 담당하는 정丁으로부터 기타 역할과 구분이 불분명한 조자·추자·소자助子·追子·小子로 나누어 인명수가 기록되었다. 또한 당시의 호구조사는 호적이 3년마다 작성되는 관례가 적용되어 정기적으로 실시되었음을 알 수 있다.

이 문서에 주목할 사항은 호구 수뿐만 아니라 그곳의 전답 규모와 짐승과 나무의 통계 등, 행정촌의 재원 총량을 기록하고 지역의 형세와 둘레의 길이까지 제시하고 있다는 점이다. 호구조사가 실시되면서 조세 징수와 관련하여 토지를 비롯한 기타 재원까지 동시에 파악되고 있었음을 알 수 있다. 단지 호적에 호별 조세 징수 관런 기록을 병기하고 그것을 행정촌 단위로 집계한 것인지, 아니면 각각 별도로 조사하여 집계한 것인지는 불분명하다. 고려 이후로는 호구와 토지가 별도의 장부로 파악되었다.

이 문서는 1933년에 일본의 고대 문서를 보관하는 쇼소인正倉院에서 '화엄경론제칠질華嚴經論第七帙'을 수리하던 도중에 발견되었다. 불경 책자 겉장을 배접한 종이가 이것이다. 책자는 다시 원상태로 서장고에 들어가버려서 이 문서의 실물이 공개되지는 않으나, 당시에 촬영한 유리판 사진을 통하여 연구가 진행될 수 있었다. 후기의 연구자들은 몇 번이고 재복사되어 읽어내기 어려운 자료를 가지고 연구할 수밖에 없었는데, 최근에 유리판 사진에 가까운 것을 다시 판독하는 연구가 발표되기도 했다.도이 구니히코 2004

2 고려에서 조선으로,
호적 기재 방식의 변화

경주의 부윤을 지낸 자들의 명부인『경주부윤선생안
慶州府尹先生案』에는 고려 성종 5년(986)에 "내외內外의 호
구를 시행"한 사실을 기록하고 있다. 경주문화원 2002 고려
왕조는 12목을 설치하여 지방 제도를 정비하면서 호적
제도를 정식으로 실시한 것으로 여겨진다.

『고려사高麗史』의「식화지食貨志」에는 호구 조항을 별
도로 설정하여 인종 13년(1135) 이후의 호적에 대해 언
급하고 있다. 그 첫머리에는 "나이 16세에 '정丁'이 되어
비로소 국역에 복무하며, 60세에는 '노老'가 되어 그 역
을 면제한다. 주州 · 군郡 등의 지방행정관청은 매년 호구
를 헤아려서 호부에 보고하라. 징병과 요역은 호적에 기

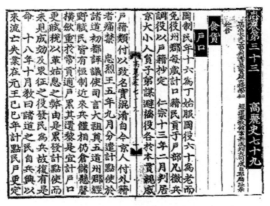

『고려사』, 「식화지」 호적 조항(규장각한국학연구원 소장).

초하여 차출하는 것이 원칙이다民年十六爲丁始服國役, 六十爲老而免役. 州郡每歲計口籍民, 貢于戶部. 凡徵兵調役, 以戶籍抄定"라고 시작한다. 호적을 작성하는 주요한 목적은 징병과 노동력 차출에 있었던 것이다.

한편, 식화지의 전제田制에는 전국의 토지를 '정'을 단위로 분급하는 제도가 적혀 있다. "토지는 직역에 따라 고르게 분급하여 백성의 생계를 꾸리게 하고 국가의 재정에 사용하도록定內外田丁, 各隨職役平均分給, 以資民生, 又支國用"한 것이 그것이다. 여기서 '직역'이란 관직과 군역을 포함하여 국가의 공공업무를 수행하는 국역을 말한다. 이 제도는 왕토가 배분된 것에 대해 백성이 국역의 의무를 수행하는 통치 원리에 입각하고 있다. 또한 주인이 없는 땅은 직역이 없는 자로 '호를 세워서 국역에 충당立戶充役'함으로써 배분되었다.이상국 2003 토지 배분의 근거가 되는 직역은 호를 단위로 설정되었음을 알 수 있다.

고려 시대 호적으로 호를 단위로 호 구성원의 인적 사항이 기재되는 현존 최고의 것은 '이교 호적李嶠戶籍'이다. 1237년에 작성되었다고 여겨지는 이교 호적은 여주 이씨의 족보에 계보의 증빙을 위해 부록으로 실려 있다.盧明鎬 등 2000 민간 족보는 15세기 이후에 편찬되고 18세기 이후로는 부계 남성 중심의 계보로 전환된다. 따라서 조선 후기 족보의 부록으로 실린 호적의 기재 내용이 원형 그대로인지는 의문이 없지 않다. 족보의 편찬 의도에 맞추어 호적의 정보를 정리했을 가능성도 있기 때문이다. 그렇더라도 이교 호적은 고려-조선의 호적 기재 양식의 원칙적인 형태를 보여주는 사례다.

호 단위의 호적 문서로 '호구단자戶口單子'는 호적 장

고려 시대 이교 호적.

부를 작성하기 위해 호주가 호 구성원의 인적 사항을 적어서 관에 신고하는 문서를 말한다. 일단 관에 의해서 호구가 편제된 뒤, 주민이 필요에 의해서 호구 장부의 원문과 동일하게 등본을 요청할 경우에 발급하는 것이 '준호구準戶口'다. 여기에는 편제 과정에서 부여받은 새로운 주소가 기록되고 호적 장부 원문과 동일함을 증명하는 도장이 찍히게 된다. 원문과 틀리지 않게 등본을 만들었다면 '주협무개인周挾無改印'이라는 도장을 찍고, 옮겨 쓰다 틀리거나 빼먹은 자수가 발생하면 '주협자개인周挾字改印'이라는 도장을 찍고 공란에 그 자수를 기입했다. 이 이교 호적은 호적에서 족보로 옮겨 적으면서 변형되거나 누락되었을 가능성이 있지만, 가희원년嘉熙元年 정유년(1237)에 작성된 호적 장부에서 주소를 부여받은 등본, 즉 준호구로 여겨진다.

이교 호적에 기재된 구성원은 부부와 3남 1녀의 혈연 가족에 한정된다. 현존하는 고려 시대 호적에는 사위나 며느리를 제외한 친인척이나 노비와 같은 종속적 가족 구성원은 보이지 않는다. 이교 호적에서 조선 시대까지 일관된 특징을 거론하면 우선 개인에게 '직역'이 기재된다는 것, 호주 부부에게 모두 부, 조, 증조, 외조라는 '사조'가 기록된다는 점이다. 직역은 중국 고대사회에 존재했으나 신분제가 해체되고 전문 군인이 양성되어 호를 단위로 하는 조세 징수만 남으면서 송대 이후의 호적에서 사라진다. 그러나 고려와 조선의 호적에는 대한제국의 '광무호적光武戶籍'이 작성되기 전까지 이 직역이 기록되었다. 더구나 호주 부부의 사조 기재는 중국 호적에 보이지 않는 기록이다.

고려 말 화령부 호적 관련 고문서 일부(국립중앙박물관 소장).

　　고려왕조는 직역에 따른 토지와 노비의 배분을 제도
적으로 유지했으며, 과거제도와 관직 임용에도 직역과
신분을 확인하였다. 양반 신분에 해당하는 자의 호적에
호주의 직역과 함께 부부의 '세계世系'를 기록하도록 하
였는데, 문종 9년(1055)에는 이 세계가 호적에 등록되어
있지 않은 사람에게 과거를 보지 못하게 하였다. 또한
'팔대八代'에 이르는 호적에서 선조가 혈연적으로 노비
와 관련되지 않아야만 비로소 벼슬을 할 수 있었다. 여
기서 '8대'란 부모의 사조를 의미하는 것으로 이해되지

만 위의 '세계'는 사조를 넘어서는 범위로 여겨진다.

호적 원본을 옮겨 적어놓은 1333년의 이진李棟 호적은 부부의 사조와 증조의 사조뿐 아니라 '장인의 사조, 외조·외증조·외고조의 사조'라는 식으로 처가와 모·조모·증조모의 가문을 포함하는 여러 모계의 사조를 기록하였다. 盧明鎬 등 2000 이후의 호적에는 여기에 더해 장모, 부·조·증조의 장모 쪽 부친의 사조가 기록되기도 한다. 사조가 기록되는 자에게는 대부분 '호의戶矣'라는 말을 선두에 붙여서 호주의 직계가족과 구분해주고 있다.

부부의 사조의 사조를 거듭 기재하여 선조들이 어떠한 혼인을 경험했는지를 밝히는 고려 시대 호적의 이러한 기록은 1390년의 이성계李成桂 호적에서도 확인할 수 있다. 국보로 지정되어 있는 고려 말의 이성계 호적은 호적 장부 원본이거나 공증을 위하여 그것을 그대로 옮겨놓은 것으로 여겨지고 있다. 이 호적은 양반 및 군역자의 호와 그에 귀속된 노비들의 호를 모아놓았다. 여기에는 부부의 사조만 기록한 것부터 모계의 사조 기록이 상세한 것까지 이전의 호적 양식이 모두 나타난다.

한 단락으로 한 호를 기록하여 새로운 호는 줄을 바꾸어 기재하게 되는데, 한 호 내에서도 사조를 기록하는 자에게는 그 자의 앞에 '호'라는 굵은 글씨를 써서 구분하고 있다. 호주의 처나 노비에게도 '호' 자를 써서 구분한 것으로 보아 이것은 별도로 존재하던 호적의 내용을 가져다 붙였음을 나타내었다고 판단된다.

이성계 호적이 작성되던 그해의 공양왕 2년(1390)에 조정에서는 구래의 호적법이 문란해져서 양반들의 세계를 찾기 어려울 뿐 아니라, 양인을 억압하여 천인으로 만들거나 천인을 양인으로 만드는 사태에 대해 논의하고 있다. 양인이 권세가에 들어가서 국역에 응하지 않고 도리어 양반의 노비가 국역을 대행하는 일에 대해서는 일찍부터 문제시되어왔다. 관청이나 양반가에 가사를 돕는 노비가 아니라 일반 농민으로 노비가 되는 자들이 늘어나고 있었던 것이다. 노비제가 고대사회의 그것과 다른 새로운 방향으로 증폭되는 현상이 고려 후기를 통해 진행되고 있었다.

『고려사』 공양왕 2년의 기록에는 호적이 없는 자는 과거 급제와 관리 임용에서 제외시키고 호적에 기록되지 않은 노비는 모두 국가에 귀속시키자는 주장이 결국 현실화되지는 못했다고 쓰고 있다. 그러나 이성계 호적은 법전에 제시된 대로 노비의 전래되어온 계통과 해당 노비가 낳은 아이들의 이름과 연령, 그리고 노처奴妻와 비부婢夫의 양천 신분 등을 상당히 충실하게 기록하고 있다.

고려 말에서 조선 초로 넘어가는 과정에서 호적 기재 형태의 화상에서 가장 주목되는 특징은 부부의 사조와 증조의 사조뿐 아니라 '장인의 사조, 외조·외증조·외고조의 사조'라는 식으로 처가와 모·조모·증조모의 가문을 포함하는 여러 모계의 사조를 기록하는 현상이 점차 심해져간다는 것이다. 남아 있는 고려 시대의 호적은 얼마 되지 않지만, 사조가 기록되는 모계의 범위가 확대되는 경향을 읽을 수 있다. 호적상에 더욱 복잡해지는 계보 기록은 고려왕조 후기로 갈수록 증가하여 조선왕조가 건립된 1392년 이후에도 나타난다. 호적에서 선조의 선조로 거슬러 올라가는 사조 기록은 남편 쪽으로 최대 16가문, 처 쪽으로는 최대 9가문까지 포함하고 있음을 확인할 수 있다.손병규 2010

이러한 기록이 가능한 것은 대대로 혼인을 거듭하면서 부부가 각자의 호적 정보를 합하여 자신들의 호적을 작성하고 다시 후대에 물려주기 때문이라고 추측된다. 이렇게 많은 선조들의 계보를 기재하는 것은 개인에게 이르는 신분 내력을 과시하고 그러한 신분 사이에서 혼인이 이루어졌음을 밝히기 위한 것이었다. 고려는 '직역'으로 대표되는 신분제를 견지할 뿐 아니라 신분에 따른 토지 징수권의 분배를 통해 재정을 운영하고 있었다. 선조들이 중앙 관료인 '양반 귀족'으로 존재하거나 향리로서 지방 사회의 지배적 계층으로 존재했음을 역대 혼인 관계를 통해 분명하게 함으로써 자신의 신분 지위를 드러내고자 한 것이다.

그러나 조선 초기에 사조에 대한 호적 기재 양식이 바뀌었다. 조선왕조가 건국된 이후 통치 체제가 정비된 15세기에 대법전,『경국대전經國大典』이 편찬되었다. 예전禮典의 '호구식戶口式'에는 13세기 초의 호적과 같이 호주 부부의 사조만을 기록하도록 하였다.

戶, 某部·某坊·第幾里住.

호, 어느 지역 주소에 거주함.

某職, 姓名·年甲·本貫·四祖.

어떤 직, 성명, 나이와 출생 연도, 본관, 사조.

妻, 某氏·年甲·本貫·四祖.

처, 어떤 씨, 나이와 출생 연도, 본관, 사조.

率居子女, 某某·年甲.

솔하의 거주 자녀, 아무개, 나이와 출생 연도.

奴婢·雇工, 某某·年甲.

노비와 고공, 아무개, 나이와 출생 연도.

이 '호구식戶口式'이 법전으로 공표된 이후, 호구단자나 준호구에 사조의 사조가 복잡하게 기재되는 일은 사라졌다. 고려왕조 시기에 선조의 계보를 번잡하게 기록하여 신분적 증명으로 삼거나 세력을 과시할 수 없게 된 것이다. 이제 조선왕조는 호적을 기재하는 데에 기존의 양반 귀족층에게 더 이상 특수한 계보 기록을 허락하지 않고 서민과 기본적으로 동일한 양식으로 기록하도록 하여 차별을 없앴다. 신분제 개혁으로 특권층에 대해 더 이상 정치·경제적 보장을 하지 않게 된 결과였다.

고려왕조로부터 조선 초에 이르기까지 호적은 신분에 따라 징수 방법을 달리하는 조세제도상의 필요에 응하여 작성되었다. 고려왕조는 직역을 수행하는 대가로 토지 징수권을 나누어주었다. 즉 왕조 국가의 공무를 수행하기 위해 들어가는 재정을 국가 재무 기관을 통해서 지출하지 않고, 관리나 직역자에게 조세를 징수할 수 있는 토지를 분배하여 업무 수행 비용에 충당하는 재정 정책을 행하고 있었다. 따라서 조세 징수와 지출을 한꺼번에 처리하는 재정 운영을 위해 호적상에 신분적 연원이 분명해야 했던 것이다. 그러나 조선 전기를 통해 '양반전兩班田', '인리위전人吏位田', '군인전軍人田' 등 직역에 따라 조세를 납부해 받는 권리로서 소위 '수조권受租權 분여' 토지는 소멸되었다. 신분제는 양인良人과 천인奴婢으로 나뉘는 양천제를 유지할 뿐, 모든 양인은 과거를 통해 관직을 획득할 수 있는 제도가 마련된 것이다. 관직을 비롯한 직역자는 국가의 공공 업무를 수행하는 국역 의무자의 하나로 존재하게 되었다.손병규 2001

따라서 호적상에 대대로 귀족이었음을 분명히 하는 계보 기록은 필요치 않았다. 단지 양인에게 호적 기재의 원칙이었던 사조만을 기록하도록 일률화되었으며, 노비의 경우에는 신분적 귀속을 밝히기 위해 부모가 노비인가 아닌가, 소유주는 누구인가를 확인하면 되었다. 호주 부부 각각의 사조만을 기재하도록 하는 호적의 기재 양식은 조선왕조가 끝나는 19세기 말까지 변함이 없었다. 호적은 이제 토지세 징수와 분리되고, 특산물 공납貢納이나 군역 및 호역 징수를 위한 대장으로 그 역할을 했다.

4장

호구 조사를 통한
인구 관리

1 조선왕조의 호구 장부,
    호적대장

조선왕조에 호적과 관련한 가장 큰 조세정책의 변화
는 17세기의 '대동법大同法'과 18세기 중엽 조세 징수
의 '총액제總額制' 시행이다. 특히 대동법은 호戶 파악에
기초해서 지역 특산물을 징수하는 '공납'을 경작 토지
에 부과하는 제도이다. 호세가 토지세로 전환된 것이
다. 기존의 토지세인 '전세田稅'가 토지 면적 1결結당 미
곡 4~6두斗인 데 대해 대동세는 미곡 12두 이상이었으
니, 특산물 공납 비중이 토지세의 3배에 해당하는 무거
운 것이었다. 대동법의 의미는 이렇게 공납이라는 주요
한 조세 부담을 토지세로 전환시켰을 뿐 아니라, 중앙 재
무 기관의 하나로 '선혜청宣惠廳'을 설치하여, 그곳에서

대동세 징수를 전담하고 다른 국가기관의 재정을 충당하도록 하는 집권적 조세정책을 감행했다는 점이다._{손병}

규 2008

그러나 대동법 시행으로 공납의 모든 부담이 토지세로 전환된 것은 아니다. 이전의 공납은 특정 호를 선정하여 특산물을 채집하거나 제작하고 수요처인 왕실과 국가기관까지 수송하도록 했다. 혹은 행정구역 내의 전체 호에 부담을 할당하기도 했다. 이 대부분의 공납 부담이 대동법으로 인해 토지세로 전환되었지만 조세 물품을 운반, 수송하는 부담은 여전히 호를 단위로 하는 요역徭役으로 수행되었다. 본래 요역은 호적에 근거하여 중앙의 토목공사에 차출하는 노역 징수를 말한다. 조세 납부 부담도 호를 단위로 노역이 징발되므로 '요역', 혹은 '호역'으로 불리며, 정식의 조세 징수에 포함되지 않아 '잡역'이라 불리기도 했다. 이러한 호역을 징발하는 데에는 여전히 호적이 기본 대장이 되었다.

상기한 바와 같이 조선 건국 초기의 호적은 고려 시대 호적과 같이 족보 등에 기록되어 있으며, 호적의 양식도 그것과 크게 다르지 않다. '호구단자'나 '준호구'와 같은 호 단위 호적이 아니라 지역 단위로 모든 호들을

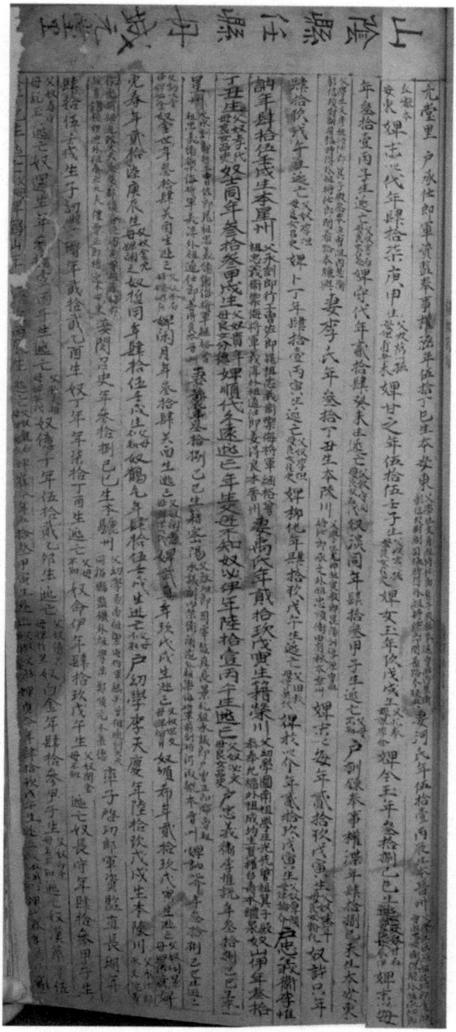

『산음장적』 단성현 부분(규장각한국학연구원 소장).

망라하는 호적 장부의 형태로 조선 초기의 것은 현존하지 않는다. 16세기 호적 장부의 단편이 소개되기는 했지만, 한 지역의 호적이 책자로 묶여져 있는 호적 장부 원본은 1606년의 『산음장적山陰帳籍』이 현존하는 최고의 것이다. 이보다 앞선 자료로 책자의 단편 1장이 남아 있는 것은 1528년에 작성된 안동부 주촌의 호적이 있다.안승준 외 1996

산음현은 현재의 경상남도 산청군 지역에 해당하는데, 이 호적 장부에는 단성현의 호적이 합록되어 있다. 단성 지역은 당시에 산음현의 임내任內 또는 屬縣로 존재하다가 이후에 독립하였으나, 현재에는 17세기 초와 마찬가지로 산청군의 일부로 편입되어 있다.

산음현 호적 장부는 가로 35센티미터, 세로 90센티미터 정도의 크기로 위아래로 길쭉하게 기록되어 있다. 호적 장부는 '장적'이라고도 하지만 '호적대장籍大帳'이라고도 불린다.한영국 1985 큰 대 자를 써 '대장'으로 쓰는 것은 군현 산하 행정구역에서 작성한 여러 호적중초戶籍中草를 모두 모아 거질의 책자로 만들었기 때문이기도 하지만, 주민에 대한 호적 장부의 권위를 나타낸 것으로 느껴지기도 한다.

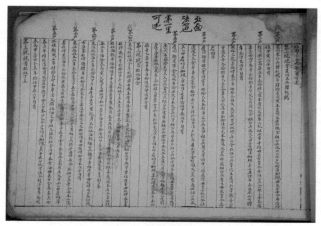
17세기 말 단성현 호적대장.

　산음현 호적대장은 1606년 이외에 1630년의 것이 남아 있는데, 형태는 같다. 그러나 1609년에 작성된 경상도 울산의 호적대장은 가로세로 53센티미터 남짓으로 정방형에 가깝다. 또한 1663년의 한성 북부漢城北部 호적대장은 가로세로 43센티미터 가량의 정방형으로 1609년의 울산 호적대장보다 약간 작다. 지역에 따라 호적대장의 크기가 일률적이지 않으나 호적대장이 지역사회에서 발휘하는 위용은 다르지 않았을 것이다.

　호적대장은 간지의 갑자甲子로부터 3년마다 지지地支

의 자子·묘卯·오午·유酉가 뒤에 붙는 해에 작성되었다. 서너 부가 복사되어 한 부는 지방관청에 보관하고 나머지는 중앙의 호조戶曹나 한성부漢城府, 도의 감영監營 등에 보고되었다. 현지에서는 수송에 맞추어 한 해 전부터 호적 작성을 준비하였는데, 그러다 보니 나이가 한 살 적게 기록되는 경우도 있었다.

『숙종실록』에 따르면 숙종 1년 9월 신해에 1675년에 다섯 호를 하나의 통統으로 묶도록 하는 '오가통사목五家統事目'이 반포됨으로써 이후의 호적대장에는 통호 제도가 도입되었다. "서울과 지방에 5호를 1통으로 하여 통주를 세운다.京外, 以五戶爲一統, 有統主" 이는 『경국대전』의 「호전」에 실린 내용이다. 통호 제도와 함께 17세기 말부터 호적대장 책자의 모양은 가로 80~85센티미터, 세로 45~60센티미터 정도로 종래보다 크고 좌우로 길쭉하게 되었다. 더구나 이러한 책자 형태와 크기는 17세기 말의 대부분 지역 호적대장에 동일하게 나타난다.

울산부와 상주목尙州牧의 호적대장은 18세기 초에는 가로 60~70센티미터, 세로 40~50센티미터 정도로 약간 축소되지만 단성현과 대구부大丘府, 언양현彦陽縣 호적대장은 18세기 말까지 17세기 말의 책자 형태를 유지한다. 규모가 작은 소읍小邑은 군현 전체의 면리를 하나의 책자로 묶기도 하였으나, 대읍大邑은 두세 개의 면을 하나의 책자로 묶어 몇 개의 호적대장 책자를 만들기도 했다. 워낙 거질의 두껍고 무거운 책자였으므로 실로 묶은 곳에 철판을 대고 가운데에 쇠고리를 달아 걸어서 보관하였다. 눌려서 습기에 상할 염려가 없었으며, 특정 호구를 참조해볼 때에도 수시로 펼쳐보기 편했을 것이다.

호적대장은 1790년대부터 전 지역에서 책자의 크기가 약간 축소되고 1810년대 이후에는 가로 27센티미터, 세로 43센티미터 전후로 더욱 작아져서 일반 서적과 같은 형태를 띠게 되었다. 단성의 경우에는 18세기까지 산하 행정구역 여덟 개 면을 모두 합해 하나의 책자로 묶여 있었는데, 이때부터 두 개 면씩 묶어서 4책으로 작성되었다.

호적대장은 면별 호적중초를 지방관청에 모아서 새롭게 하나의 책자로 등사하여 작성한다. 그런데 여기서는 중초를 그대로 수합하여 군현의 호적대장으로 사용한 듯하다. 1810년대 이후의 다른 지역 호적들도 대부분 이러한 형태로 제작되었다. 이때의 호적에는 호구 수

法勿也面

第一里可述村 第一統 統首李金甲

第一戸 水軍李金甲年〇〇拾參癸巳年陝川文德孫祖時才曾祖知〇外祖方元〇年
順興妻金姓年肆拾貳甲辰年商山父曾祖海光英曾祖世堅外祖李〇三年戴〇奴
年栿肆 主申故子召德年拾貳甲戌年主午戸召相準

第二戸 陸軍卞禧烈年佳栿貳甲申年安陽父和祖〇〇曾祖萬泰外祖李〇〇年
亮山妻徐姓年肆拾伍辛丑年逵賊父中世祖有績曾祖嫂外祖朴〇年安陽子宗永
年拾〇兼己木女年栿參〇〇婢命伊年拾肆 主辰主午戸召相準

第三戸 師保崔〇〇年〇〇貳甲辰年慶州父〇大祖名曾祖三八外祖邢致永奔順興妻
金姓年參拾〇巳酉年人〇世祖知前官祖必進外祖金高中〇金海〇薬保萬〇年
〇栿商〇士甲〇祖準

第四戸 閑良權〇宗年佳栿玖丁丑年〇宗父學生〇元祖親〇〇士歳宜曾祖學生聖〇外

가 18세기의 수치보다 약간 적은 수준으로 고정되고 호구 기재 내용도 단순화하여 형식화된 기록이라는 느낌을 준다. 호적대장이 가지고 있는 권위는 이전에 비해 떨어지지 않았나 여겨진다. 그러나 형식적이라고 해서 실용성이 없어졌다는 의미는 아니다. 이 장부는 계속해서 상부에 보고될 뿐 아니라, 지방관청의 통치 및 재정 운영에 활용되고 있었다. 손병규 2001

2 호적 작성과 호구 통계

호적 장부의 적성은 '호구단자'의 신고로부터 시작된다. 이것은 호적 작성 뒤에 발급받는 '준호구准戶口'와 달리 발급 시기와 발급처, 그리고 준거한 호적대장을 명시하지 않는다. 또한 통호 번호를 받기 이전 단계의 것이므로 주소도 기재되어 있지 않다. 정확히 말해 통호 번호를 기재하는 곳이 공란으로 되어 있다. 우선 면리별로 이 호구단자를 모아 나열하여 호구 수를 조정한 다음 통호수 번호가 확정되면 이 공란에 주소를 기입하게 된다.손병규 2007

때로는 호구단자를 받아 호구를 편제하고 호적 장부에 그렇게 등재됨을 알리기 위해 그 호구단자를 준호구로 되돌려주는 경우가 있었다. 유학幼學 권구성의 호를

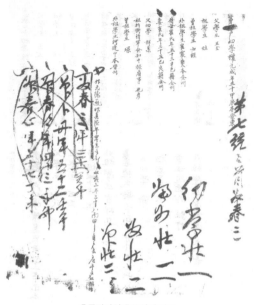

호구단자의 호구편제 기록.

예로 들어보면 그림과 같다. 정자로 가지런히 쓰인 문장이 제출될 당시의 초안인데 여기에는 '第( )戶'라는 식으로 호번지수를 적는 부분이 비어 있다. 이 호구단자를 가지고 다른 호구단자와 함께 통호를 편제하게 된다.

호적 작성 과정에서 통호 번지만 새롭게 부과하는 데에 그치지 않는다. 그 호의 구성원 남녀를 신분과 직역에 따라 노老, 장壯, 약弱의 나이대별로 집계하였다. '유학幼學 장일壯一, 부녀婦女 장이壯二, 노奴 장이壯二, 비婢 장삼壯三'이라고 기재한 것이 그것이다. '장壯'이라는 것은 15세에서 59세까지 혹은 16세에서 60세까지의 나이를 가리킨다. 이 나이대는 국역의 의무를 지는 기간과 일치한다. '유학'은 주호인 권구성이며 '부녀'는 그의 어머니 최씨와 처 최씨를 말한다. '노'는 남자 노비, '비'는 여자 노비를 뜻하는데 그 수대로 통계를 내었다. 또한 주호이외에 통계에 들어가는 자에게는 위에 점을 찍어서 집계를 확인했다.

그런데 이 통계는 단순히 호 구성원을 집계하는 데에 그치지는 않았다. 처음 제출된 호구단자의 호 구성원이 아닌 자를 첨가하여 호의 구수를 조정하는 데에 이른다. 여기서는 노비를 가지고 그러한 조정이 이루어졌다. 처음 제출된 호구단자에는 비 원덕은 도망갔고 노 말삼은 이 호에서 독립하여 새로운 호를 세워나갔으므로 비 춘덕만이 호내의 구성원인 것으로 신고되었다. 그러나 이 호에서 빠져나간 노 말삼을 호내 구성원으로 하고 여기에 더해서 노 춘삼, 비 복단, 비 춘심을 첨가하여 노 두 명, 비 세 명으로 조정한 것이다. 그리고 첨가된 노

춘삼을 통수로 세웠다. 비 춘덕은 중복해서 적었다가 다시 지웠다.

군현 단위의 호적대장을 작성하기 전에 호구단자를 모아 면리별로 호적중초를 작성하는데, 여기에 '통기統記'가 사용되었다—18세기 통기로는 충청도 지역의 통기가 남아 있다. 19세기에는 이와 비슷한 형태로 '가좌성책家座成冊'이라는 이름으로 작성된 것이 더러 있는데, 호적 작성에 사용된 것인지 구휼을 위해 호적에 빠진 자들도 모두 포함하는 것인지는 불분명하다. 우선 동리별로 호구단자를 모아 나열하고 전식년의 호적중초에 준해서 그것을 5호씩 나누어 동리 전체의 통호수를 정하게 된다. 이 과정에서 남녀 호구 수나 직역자의 수를 가늠하기 위해 통호별로 간단한 인적 사항을 기재하는데, 이것이 '통기'이다. 기재 내용은 호별로 구성원의 직역, 성명, 나이에 한정되는 것이 일반적이었다.

이러한 과정을 거쳐서 작성되는 호적 장부의 말미에는 호구 수와 직역별 통계가 제시되었다. 면 단위의 호적중초 말미에는 '이상已上'이라 해서 면 단위의 통계가, 군현 단위의 호적대장 말미에는 '도이상都已上'이라 해서 군현 단위 전체의 통계가 집계되었다. 도의 감영이나 중

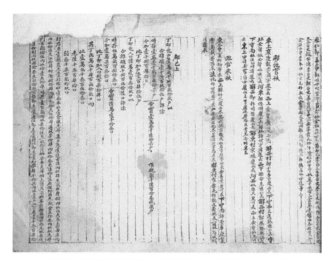

1750년 대구부 호적대장의 도이상 통계(규장각한국학연구원 소장).

앙 관서로 호적대장 책자 전체가 보고되지만 현실적으로는 본문보다 이 도이상에 제시된 통계가 호구 정책을 시행하는 참고 사항이 될 뿐이었다.

도이상은 '도총(都摠)'이라고도 하여 여기에는 호적대장을 작성하는 해당 식년의 군현 전체 호구 총수와 함께, 남녀의 직역 및 신분마다 '노(老), 장(壯), 약(弱)'으로 나이를 분류하여 통계를 내고 있다. 도이상 기록에서 이 호구와 직역의 통계는 국가 재정 운영과 관련하여 중요한 의미를 갖는다.

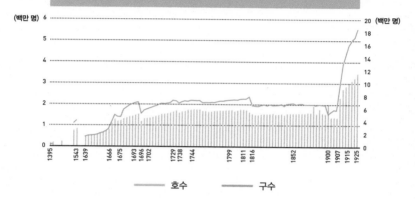

조선시대 ~ 1925년 전국 호구 수 추이

우선 직역 통계다. 18세기 전반기에 중앙 및 지방의 국가기관에 소속된 군역자의 정족수를 확정하는 군역 정액定額 사업이 진행되었다. 역역과 군포로 이루어지는 인적자원의 징수를 건전화하기 위한 시도였다. 18세기 중엽의 『양역실총良役實摠』에 정액된 양역자良役者 수와 이후의 읍지「군총軍摠」조에 기록된 군역자 수를 당시 호적대장의 도이상에 기록된 군역자 통계와 비교해보면 역종별 수치에 그리 큰 차이를 발견할 수 없다. 18세기 중엽『대구부호적대장大丘府戶籍大帳』의 경우에는 양쪽의 수치가 일치하는 사례가 많이 발견된다. 이것은 18세기 중엽에 완료되는 군역 정액 사업의 결과가 호적대장의 도이상 통계에 그대로 반영되었음을 말한다. 이러한 사실로 보건대 적어도 이 시기에는 지역에 할당된 군역자의 정액이 도이상에 반영되고 그에 따라 호적대장 본문의 직역 기재가 조정되었을 가능성이 높다고 할 수 있다.

한편, 18세기 후반에서 19세기 초에 호적대장 도이상과 본문에는 지방관청에 소속되어 노역에 동원되거나 미전米錢으로 대납하는 소위 '읍 소속邑所屬' 역종자들이 대거 증가하는 현상을 확인할 수 있다. 중앙 상부 기관에 소속된 역종들에 대한 정액 사업으로 군현 전체의 부담이 어느 정도의 액수로 고정되는 대신에 지방관청 스스로 사용할 수 있는 인적자원을 확대시켜나간 결과이다. 지방재정의 자율성을 높이기 위한 재원 확보를 3년마다 이루어지는 호구조사를 통해 확보한 것이다.

다음으로 호구 총수에 대한 것이다. 호 단위로 부과되는 '호역戶役'은 국가의 토목공사에 동원되거나 공납물을 마련하거나 조세 수송에 동원되는 등, 국가 재정을 충당하기 위한 주요 징수 재원이다. 임진왜란과 병자호

란을 거치면서 저하되었던 호구 파악 능력이 17세기 말에 회복되고 이후로 전국적인 호구 총수가 일정한 수준을 지속적으로 유지했다. 18세기 말에는 호적대장 도이상의 기록으로부터 군현별 호구 총수를 일괄적으로 조사하여 기록한 『호구 총수戶口總數』를 편찬하여 군현별로 고정된 액수로 공표하기에 이르렀다. 재원의 증감을 억제하여 안정적인 재정수입을 보장하려는 의도였으며, 이것은 상기의 군역 징수와 토지세 징수에서도 관철되고 있었다.

18세기 말에 고정된 호구 수는 19세기 초까지 유지되다가 그 시기부터 대한제국기까지 오히려 약간 감소한 수준을 유지한다. 18세기 말 이후로 호적대장의 호구 수는 지방관청이 지방재정 적자를 보완하기 위한 수단으로 활용되었다. 특히 19세기에는 대부분의 지방에서 환곡이 진휼곡의 소비성 재원인 이유로 분배 후의 회수가 어려워졌다. 환곡 운영을 위한 재정에 적자를 면치 못했으며, 기타 지방재정도 적자가 발생하기 일쑤였다. 이에 지방관청은 관할 행정구역 내의 면리에 지방세와 같은 징수를 시도했으며, 종래의 고정적인 호구 총수를 면리별 징수 재원 할당의 기준으로 삼았다.

3 대한제국과
식민지 조선의 호적

대한제국이 성립하기 직전인 1896년 9월에 '호구조사 규칙'과 '호구조사 세칙'이 공표되어 종래와 다른 호구조사가 실시되었다. 이때부터 호마다 낱장으로 호적표戶籍表를 작성하여 행정구역별로 묶어 호적 장부로 제작했다. 이것을 소위 '광무호적光武戶籍'이라 하며, 조선왕조의 '구호적舊戶籍'에 대해 '신호적新戶籍'이라고도 불렀다.손병규 2005

이때의 호구조사는 갑오개혁을 경과하면서 조세가 전세와 호세戶稅로 통일되어 국가 재원으로 징수되었던 사실에 직접적인 영향을 받았다. 호세는 19세기에 이미 지방재정의 보전을 위한 것으로 활용되어왔다. 그런데

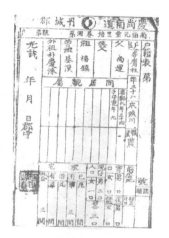

대한제국의 호적표.

이때의 호세는 지방재정 수입을 단절하고 그것을 중앙
재정으로 전환하여 중앙정부가 직접 재원을 징수하는
것이었다. 국가 재정의 확보를 위하여 호세를 징수할 대
상 호수를 증가시킬 필요가 있었다. 이에 호구조사 규칙
등은 일호일구一戶一口도 누락됨이 없이 호적에 등재할
것을 종용했던 것이다. 그러나 그 결과는 오히려 그 반
대로 전국적인 호수의 격감을 초래했다.

조선왕조의 구호적은 지역마다 종래 오랫동안 설정
되었던 호구 총수를 기준으로 필요한 만큼의 호구를 등

재할 뿐이었다. 18세기 말 이후로는 그것마저 지방관청의 재정과 통치 운영을 위해 활용되어왔다. 이러한 지방 재원에 대해 중앙정부가 출납 회계를 일률적으로 시행하고자 했을 때, 지방의 주민들은 '향회鄕會'의 논의를 통해 오히려 적은 수치로 호수를 보고하는 경향을 보였던 것이다.

호적 장부 형태로 작성되지 않은 것 이외에 기존의 구호적과 다른 호적표 기재 양식의 몇 가지 특징을 살펴볼 수 있다.

광무호적의 호번 양식은 호적표마다 도군명이 최상단에 기재되고 바로 밑에 면리동명과 통호수 번호가 기재되었다. 이것은 기존의 구호적 준호구의 주소 기재 양식과 동일하다. 그런데 이와 함께 왼쪽 첫 줄에 '호적표 제第 ○ ○ 호號'라고 별도의 호번을 기재하고 있다. 이것은 기존의 호적에 보이지 않는 새로운 기재 양식이다. 호적표는 신구의 호번 양식을 모두 갖추고 있어 호를 파악하는 방식이 전환되는 과도적 형태를 나타내고 있다고 할 수 있다.

호의 구성도 '호주戶主'라고 호의 대표자를 명기하고 그의 가족을 '동거친속同居親屬'으로 구분하여 기재하고 있다. 기존의 호적에 그러한 표기가 없던 것과 대조된다. 그와 관련하여 기존의 호적에 호의 대표자 이외에 모, 처, 며느리, 사위 등의 혼인 관계로 맺어진 자들에게도 부, 조, 증조, 외조라는 '사조'가 기재되던 것과 달리 호적표에는 호주에게만 사조를 기재할 수 있도록 되어 있다. 호의 책임 소재를 분명히 하고자 함이다.

또한 호적표에는 호내 구성원 개개인에게 기재되던 '직역'이 사라지고 호주에게만 '직업職業'란을 설정하여 '사농공상士農工商'이라는 동아시아의 전통적인 신분 구분을 명시하고 있다. 조선왕조의 국역 체계가 사라지긴 했지만, 통치 체계의 근간이 되었던 신분제적 파악을 포기할 수는 없었던 듯하다. 실제로 '사士'와 '농農'은 같은 형제 사이에도 다를 수 있고 시기적으로 변할 수도 있는 것으로 어떤 구속력을 갖는 것은 아니었다. 그리고 호내 구성원 가운데 친인척이 아닌 자들은 '기구奇口'라 하여 남녀 인명수만 기재하고 있다. 노비나 고공과 같은 종속적 구성원이 당시에도 존속했던 것으로 생각된다.

또 한 가지 이 호적표가 기존의 호적과 다른 것은 '가택家宅'란을 설정하여 가옥의 소유관계 즉, '기유己有'와

'차유借有'와 가옥의 형태 및 규모인 '기와瓦', '초가草'
의 칸수間數를 기재한다는 점이다. 호적표에 가옥에 관
해 기재하는 것은 호에 대한 호주의 권리가 가옥에 대
한 권리를 포함한다는 것을 의미한다. 이것은 동시에 호
적표의 호 구성원이 '이러한 규모의 한 가옥에 거주하
는 자들'을 가리킨다는 것을 말한다. '가택'란을 광무호
적 기재 양식에 첨가한 것은 지역 내의 호구 총수를 맞
추기 위해 편제되는 기존의 호구 파악과 달리 생활공동
체로서의 세대를 호로 파악하고자 한 의도를 나타낸다.
그러나 분가分家의 사례나 가옥의 칸수 등을 잘 살펴보
면 실제 상황이 아닌 경우를 발견하기도 한다. 모든 호
가 아직 실제의 가옥 건물을 고정된 주소로 확정해두지
못하는 상황임을 짐작할 수 있다.

전국 규모의 호구 수의 급격한 변화는 통감부 시기가
시작하는 1906년 이후에 나타난다. 1907년부터 민적법
民籍法에 의한 호구조사가 시행되는 1909년까지의 3년
사이에 전국적인 호구 수가 급증하게 된다. 손병규 2007a
이러한 변화는 세무를 중앙 재무 기관으로 집권화한
1906년의 '관세관관제管稅官官制'의 제정에서 시작하여
국가 재원의 근거를 현실적으로 파악하고자 하는 시도

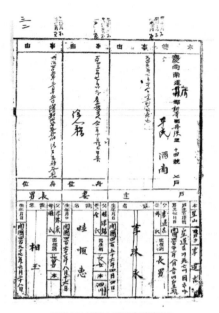

경상남도 산청군 신등면 제적부로,
20세기 초 식민지 호적의 제적 기록이다.

에 영향을 받은 듯하다. 실재하는 호구를 모두 파악하겠다는 이때의 호구조사는 급격한 증가만큼 심한 강제력이 동원되고 호세와의 관계를 부정함으로써 진행될 수 있었다. 조선왕조의 호적 작성 관행이 향촌의 자율성에 기초하여 중앙정부의 묵인하에 이루어지던 것과는 달랐던 것이다. 그러나 현실의 호구조사가 급속히 진행될 수 있었던 또 다른 이유는 식민지 당국의 강제만이 아니라 호적 작성의 오랜 경험이었다.

1909년 이후에 작성되는 '민적'의 양식은 일본의 명치유신明治維新 직후에 실시된 명치호적에 기초한다. 민적은 호마다 본적 주소와 호주 사항을 등치시키고 그 뒤로 호주와의 관계인 '신위身位'를 매개로 나머지 호 구성원들을 등재한다. 호의 모든 구성원들에게는 성명을 기재하고, 성명의 오른쪽에는 부모의 이름과 그로부터 몇 번째 자녀인가를 나타내는 '출생별出生別'과 본관을 기재하며, 왼쪽에는 출생월일을 기재하게 되어 있다. 모든 구성원들에게는 상단에 입적 및 제적의 사유를 기재한다. 여기에 호주에게는 다른 구성원들과 달리 '전호주前戶主'와 '호주된 원인과 그 연월일戶主된原因及其年月日'이 별도로 기록된다.

이러한 개별 호의 민적들을 하나의 장부로 묶어놓은 것이 민적부民籍簿이다. 면사무소에서 민적부를 관리하는데, 호주가 사망하거나 이주를 해서 변경 사유가 있을 때에 개별 민적을 민적부에서 제거하여 별도로 모아둔다. 이것이 제적부除籍簿다.

그런데 1910년대를 거치면서 민적의 작성 방법에 커

다란 변화가 발생한다. 그것은 연장자를 호주로 하여 가족이 혈연적으로 파악되는 '본적지주의' 호적으로 바뀐 것이다. 조선왕조와 대한제국기의 호적은 다시 조사되는 3년 동안 거주 이동이 있을 경우에 호적이 변경되는 '현주지주의'를 원칙으로 한다. 현재의 주민등록과 같다. 그러나 식민지 시대 호적은 혼인이나 양자로 인한 입적 및 제적을 제외하고 현 거주지 이동으로 호적을 변경 기재할 필요는 없다. 주민등록과 별도로 호주제가 폐지되기 전까지 사용하던 호적이 바로 이러한 본적지주의 호적이다.

1923년 호적법이 시행되어 '민적'이 다시 '호적'으로 불릴 때까지 조사된 호구의 내용에도 변화가 있었다. 호적에 누락되었던 인구, 특히 연소자층 인구가 이 시기에 거의 모두 파악되었다. 조선 시대와 대한제국기의 호적에는 모든 인구가 등재될 필요는 없었다. 실재하는 모든 호구가 지방 사회에서 빠짐없이 파악되고 있었지만 공식적으로는 적정선에서 호구수가 보고되었다. 특히 조세 징수와 징발과 관련하여 호구가 파악되는 경향이 강했다. 호적 등재 여부가 어느 정도 지방의 자율에 맡겨진 만큼, 말단의 재정 일부도 지방 자율의 운영권이 보장되었던 것이다. 식민지 시대의 호구조사는 조세와 관계없이 행해졌으며, 호주의 신고에 의거하지만 지역사회의 자율적 개입은 사라졌다._{손병규 2008a}

5장

인구와 가족의 장기적 변동,
그리고 인구 관리

1 인구 자료로서의 호적과 족보

정부는 치안 및 징수 등, 인민 통치를 목적으로 지역 주민의 가족과 그 구성원을 '호'와 '구'로 파악하였다. 호구 파악 방법은 첫째, 법제로 가족을 설정하여 개별 호별로 호 대표자와 구성원들의 가족 관계 및 인적 사항을 일일이 기록하는 호적을 몇 년마다 한 번씩 정기적으로 작성하는 것이다. 둘째로, 일정한 행정구획을 설정하고 호마다 구성원과 국역의 통계적 파악을 나열하거나, 해당 구역 전체 호구수를 집계하는 '호구부戶口簿'를 작성하는 것이다. 정부는 이러한 일률적인 인신 파악에 근거하여 집권적인 통치를 수행하고자 했다. 전자는 성명, 성별, 나이, 가족 관계 등 인구학적 요소가 기록되며, 후자는 일종의 인구통계라 할 수 있다.손병규 2016b

호적은 고대 중국으로부터 시작하여 동아시아 고대 국가에서 일반적으로 작성되었다. 당시 호적에는 호구 내용만을 기록하는 것과 함께 경지면적을 비롯한 호의 재정 상황을 병기하는 것도 있다. 국역과 조세의 징수는 왕권으로 상징되는 국가가 인민에게 왕토(王土)를 나누어 주고 생계를 유지하도록 한 것에 대한 대가라는 이념으로 수행되었다. 징발과 징수의 부담을 균등히 하고자 하는 정책이 호의 재정 상황을 병기하게 한 것으로 여겨진다. 신라촌락문서는 행정 촌락 단위로 호구 통계를 기록하고 그와 함께 경지 및 가축, 나무 등의 규모도 병기한다. 호적은 토지를 비롯한 재원의 조사와 함께 진행되어 집권적 통치 체제를 유지하기 위한 기본 대장이었다.

이와 함께 고대 호적에는 개개인에게 관직과 군역(軍役)으로 대표되는 직역이 기재되었다. 군역은 농민을 유사시에 병사로 동원하거나 정기적인 경계의 임무로서 번을 세우는 것을 말한다. 그런데 중국 고대 말기인 당대(唐代) 이후에 빈번한 전쟁에 대응하기 위해 전문 군인을 양성하는 한편, 농민은 농사에 전념하여 생산성을 높이는 대신에 군인 양성 비용을 토지세로 납부하도록 했다. 이러한 '병농분리兵農分離' 정책은 이후의 왕조에서 유지되어 호적상에 농민을 파악할 때 '직역' 기재가 사라졌다. 호적 자체도 빈번히 작성할 필요성을 잃는 한편, 정기적으로 토지세를 징수하기 위한 조사 장부가 호별로 작성되었다. 일본은 중세 영주가 분권적인 세력을 형성함으로써 국가 단위로 이루어지던 호적 작성이 중단되었다.

그러나 고려, 조선왕조에는 '병농일치兵農一致'의 군역 제도를 유지했다. 호적이 3년에 한 번씩 정기적으로 작성되었으며, 개개인에게 여전히 직역이 기재되었다. 그런데 고려왕조에서는 토지 징수권 분여 등으로 신분적 우대 조치가 병행되던 이 직역이 조선왕조에서는 국가 공공 업무 수행의 의무로 인식되었다. 지배적 계층에 대한 신분제도적 보장이 사라지고 모든 양인에게 동일한 호적 기재 양식을 적용했다. 조선 왕조 초기인 15세기에 민간 족보가 작성되기 시작한 것도 지배적 계층으로 유지되기를 원하는 자들이 왕조 교체로 인한 신분제 변화에 대응한 현상이다. 법제적으로 보장되지 않지만 사회적으로 상층계급인 조선적 '양반'이 형성된 것이다.

호적 자료가 지역의 장부 형태로 현존하는 것은 17세기 이후의 호적대장이다. 관직 경임자를 비롯하여 '유학'이라는 직역명을 기재하는 자들이 18세기 이후의 호적대장에 증가하기 시작했다. 유학은 본래 과거科擧를 준비하는 자라는 의미로 당분간 군역 부과를 연기할 수 있어 양반들이 호적에 사용하고 있었다. 그런데 19세기 후반의 호적대장에는 등재 호의 과반을 훌쩍 넘는 호의 대표자가 이런 직역명을 사용하게 된다. 양반 계층이 그만큼 증가했다기보다는 '양반 지향적'인 경향이 강해진 결과라 할 수 있다. 조선왕조에는 신분제가 존재하되 이동이 가능한 신분의 유동성이 신분 상승 욕구를 자극했다.

하층민이 세대를 넘어 유학을 호적에 기재할 수 있게 된 데에는 재정 운영상의 지역별 총액제가 끼친 영향도 배제할 수 없다. 18세기 중엽의 재정 정책으로 토지세가 지역별 토지 면적 총액에 견주어 징수되는 비총제比總制가 실시되었으며, 군역 징발도 군현별, 역종별 정액에 맞추어 징발, 징수되었다. 중앙정부는 주민을 지역별 '호구 총수'로 파악하는 데에 그치고 군현 내 호구 운영은 지방관청에 맡겨졌다. 호적상의 직역명 기재는 지방의 통치, 재정 운영상의 이해관계를 둘러싼 주민과의 합의에 기초하여 이루어질 문제였다. 18~19세기를 통해 전국적인 호구 총수는 거의 변화하지 않고 일정 수준으로 유지되었다.

대한제국기에 작성된 광무호적은 조선왕조의 호적과 달리 일호일구一戶一口도 누락 없이 등재할 것으로 기대되었다. 그러나 기왕의 지방 자체의 호구 운영을 중앙으로 집권화하는 시도는 실패했다. 전국 규모의 호구 총수는 조선왕조의 그것에 훨씬 못 미치는 수준으로 보고되었다. 광무호적은 '직역' 체계에 따른 군역 징수에 대신해서 '호세戶稅'를 호마다 일률적으로 징수하고자 했다. 단지 사농공상과 같은 오래된 신분 개념을 호주 1인에게 적용하여 '사민四民'이 황제 권력하에 평등하게 파악된다는 관념을 주장할 뿐이었다. 그러나 주민들은 호수의 증가로 인해 호세를 국고 수입으로 증대시키고자 하는 중앙정부의 의도에 응하지 않았던 것이다.

전국적인 호구수가 급격한 증가를 보이는 것은 일본 식민지 당국에 의해서 '민적'이 조사되기 시작하는 1909년 이후다. 일본은 중세에 중단했던 호적 조사를 '명치유신明治維新' 직후에 부활시켰다. 민적은 이때의 '명치호적明治戶籍' 기재 양식에 준하여 1923년에 '호적법'이 공표되기까지 본적지주의 호적으로 전환되는 과정에서 작성되었다. 혈연적인 가족을 법제화하여 주거 이동에 관계없이 출신지 중심으로 파악하는 것으로, 조선인을 장악하는 식민정책의 일환이었다고 여겨진다. 1925년에 국세조사라는 이름으로 근대적인 센서스가 시행되기 시작했지만 식민지의 호적 작성 방법은 해방 이후 최근의 '호주제戶主制 폐지'에 이르기까지 지속되었다.

중국 고대 귀족 사회에서의 족보는 국가가 관리 임명과 승진 등의 업무상 귀족 신분의 정통성을 확인하기 위해 필요했다. 귀족제가 사라지고 과거를 통해 관리를 임명하게 된 송대宋代에 민간 족보가 편찬되기 시작했다. 구양수歐陽脩와 소순蘇洵이 부계 남성의 직계 및 방계 계보가 그것으로 이후 '종족宗族'이라는 부계 혈연집단의 결집을 위한 족보의 표본이 되었다.井上徹 2002

한국에서 현존하는 가장 오래된 민간 족보는 15세기에 편찬된 것이다. 그런데 계보도가 존재하는 1476년의 『안동 권씨 족보安東權氏成化譜』는 아들에서 아들로 이어지는 부계 남성의 직계 계보만이 아니라 딸, 즉 사위로도 이어지는 부계 여성의 계보도 병기되고 있다. 조선왕조에 들어 고려왕조의 양반兩班을 귀족으로 하는 신분제가 파기되면서 중앙 관료를 역임했던 자나 그 가족들이 선조들의 신분 내 혼인을 증명하기 위한 계보가 '족보'의 형태로 작성되기 시작했던 것이다. 따라서 이 족보에는 부계 계보의 주축이 되는 안동 권씨 일족은 소수에 그치고 많은 다른 성씨의 가족들이 대거 등재되어 있다. 이들의 부계 및 모계 선조 가운데 자신으로부터 안동 권씨와 혼인한 선조로 이어지는 계보를 제공함으로써 안동 권씨의 거대한 '혼인 네트워크'를 형성한 것이다. 이 족보에는 한 아버지의 자식들이 아들, 사위 구분 없이 태어난 순서대로 기재된다.이상국 2013

일반적으로 족보는 '부계 혈연집단의 결집을 위한 물적 근거의 하나'로 규정되며, 한국은 특히 18세기 이후의 족보에 대해 그렇게 인식되고 있다. 조선 전기의 족보와 비교해볼 때, 조선 후기의 족보는 딸에서 딸로 여러 세대에 걸쳐 연결되기도 했던 부계 여성의 계보가 사위 당대나 외손 세대에서 그친다. 또한 이 사위들은 남성 형제의 뒤에 한꺼번에 기재된다. 부계 남성을 중심으로 하는 계보로 전환된 것이다. 그러나 이러한 계보 형태의 전환을 '종법 질서宗法秩序'가 강화된 결과라고 단정하기에 앞서 부계 남성의 배우자가 새롭게 등장한다는 점에 주목할 필요가 있다.

조선 전기부터 민간 족보가 작성되었으나 후손 몇 대에 지나지 않아 족보에 실릴 인물이 증폭하여 여러 성씨를 포함하는 하나의 계보로 족보를 만들기 어려워진다. 따라서 각 성씨별로 부계 남성의 가계를 작성하도록 하고, 대신에 딸은 사위의 정보를, 배우자는 장인의 인적 사항을 기재하여 다른 성씨의 가계와 맺은 혼인 관계를 표시했다. 각 성씨의 족보에서 통혼의 신분적 정당성을 증명함으로써 증폭하는 '혼인 네트워크' 정보를 공유하고자 했던 것이다.손병규 2010

조선 시대에 출생 신분을 결정짓는 요인은 일차적으로 생모의 신분이며, 부친의 신분은 부차적이었다. 양반의 족보에는 첩이나 서얼庶孽이 등재되지 않거나 등재되어도 신분 표시를 하는 것이 일반적이다. 부계 혈연집단의 결집은 정실부인이 낳은 적자녀嫡子女 자손에 한정해서 배타적으로 이루어진 셈이다. 각 족보는 부계 남성의 신분적 정통성을 혼인 관계로부터 확인하고 다른 가문에 공개함으로써 동일 계층 내의 통혼이 계속되기를 기대했다. 동일 모친을 갖는 형제는 형제간 사회경제적 상황에 격차가 있더라도 동일한 신분을 갖는 것으로 여겨졌다. 족보는 몰락해가는 양반일지라도 양반 가족 사이의 통혼이 견지될 수 있도록 하는 신분증명서의 역할을 했다.

18세기 이후에 족보 편찬이 양반 사이에서 유행하기 시작하는 데에는 신분제의 유동성으로 인한 양반 지향적 성향이 영향을 주었다. 호적상에 유학 등의 직역을 사용하면서 양반이 사용하던 호적 기재 방식을 쫓아가는 자들이 19세기에도 급격히 증가하고 있었다. 국초에 신분을 법제적으로 규제할 때 민간 족보가 발생한 것과 마찬가지로 호적 기재가 더 이상 신분 규정의 역할을 하지 못한다고 여길 때 민간 족보의 편찬이 활발해졌던 것이다. 19세기 말 이후 족보 편찬은 더욱 활발해졌다.

20세기에 들어서는 인쇄물 가운데 족보가 최고의 건수를 차지할 정도로 족보 편찬의 붐이 일었다.손병규 2014 이때에는 동성동본의 모든 계파를 망라하는 대동보大同譜의 편찬만이 아니라 이에 대응하여 신분적 정통성을 일부 계파 내에서 배타적으로 인정하고자 하는 파보派譜의 편찬도 활발했다. 족보 편찬을 자극한 또 다른 이유는 거주의 이동에도 있었다. 부계 남성 후손들이 대대로 살아오던 마을을 떠나 새로운 거주지에 후손들이 정착

하면서 신분적 정통성이 약화되는 것을 우려하여 부계 친족 사이의 연계성을 제고하고자 했다. 조선 시대의 신분제가 소멸했지만, 사회적 인식으로의 '양반'은 견지되었던 것이다.

동아시아의 호적과 족보는 가족을 재구성하여 역사인구학 연구를 시행할 수 있는 인구 자료다. 이하. 손병규 2016b: 손병규 외 2016 호적부戶籍簿의 통계는 인구조사의 결과라 할 수 있지만, 인구학적 검토를 하기에는 매우 제한적인 경우가 많다. 동아시아의 역사인구학 연구는 주로 호적과 족보 자료에 대한 분석을 바탕으로 진행되어 왔다. 거기에는 호적과 족보가 갖는 인구 자료로서의 특성이 전제되어야 했다. 중국과 한국의 호적과 일본의 슈몬아라타메초宗門改帳는 일정 지역을 대상으로 정기적으로 조사되는 주민등록 형태의 자료이다. 과거의 인구 자료에 대한 인구학적 검토를 시도하기 위해 개인의 이벤트를 모아 '가족 재구성 혹은 가족 복원'을 해야 하는 서구의 교구 대장 자료와는 다르다.

가족 단위로 구성원의 인적 사항을 기록한 호적에는 개인의 나이와 성별만이 아니라 가족 관계가 설정되어 있어 자료 자체가 이미 가족 형태를 형성하고 있다. 그러나 그것은 가족의 라이프 코스 가운데 한 시점의 '세대Household'를 나타낸다. 조사 당시의 인구학적 행동을 관찰하고 그것으로 인해 형성, 변화하는 가족의 형태와 규모를 살피는 데에 적합한 자료이다. 그런데 모친이 출산한 자식들을 모두 포함하는 완전 가족完全家族을 재구성하여 인구학적 검토를 심화하기 위해서는 모친의 가임 기간 동안은 물론, 자식의 혼인과 사망에 이르기까지 조사된 호적 기록을 모두 모아서 가족 재구성표FRF: Family Reconstitution Form를 작성할 필요가 있다.차명수 2006 이에 반해 족보는 죽은 자들의 인적 사항을 기록하는 것이므로 이미 모친의 가임 기간만이 아니라 출생에서 사망에 이르는 일생의 전 과정을 모두 끝낸 뒤의 가족을 신고 있으므로 배우자 및 자식들로 구성되는 가족을 그대로 가족 재구성표로 옮기면 된다.

그러나 호적과 족보는 인구 규모와 그 변화를 추적하기에는 결정적인 결함이 있다.손병규 2004 호적과 족보에서 어느 한 시기의 연령대별 인구피라미드를 그려보면, 유소년층의 인구에 많은 결함을 발견할 수 있다. 조선 왕조의 호적은 국가 징수와 관련하여 일정한 수준으로 고정되는 호구 정책에 의해 조사 과정에서 많은 호구가 누락된다. 또한 족보는 장성하여 혼인하고 후손을 낳은 경우의 선조들이 기록될 확률이 높다. 누락만이 아니라 정통의 배우자 소생이 아닌 자가 어떤 구별도 없이 계보상에 연결된 것으로 의심할 만한 사례도 적지 않다. 따라서 인구 자료의 결함을 전제한 뒤에 인구 모델에 기초하여 불완전한 자료에 대한 통계학적 보완 작업을 통해 현실의 인구 규모에 대한 접근이 시도되었다. 유소년 시절에 사망하여 호적과 족보의 인구 기록으로 남아 있지 않은 인구들에 관심을 가지면서도 살아남은 자들의 인생에 대해 분석 방법을 고안할 필요도 있다.

호적과 족보 자료에서 가족 재구성을 하거나 인구 규모를 추적하는 이외에도 자료의 특성을 고려한 뒤에 다양한 기록으로부터 역사인구학 및 사회사 연구가 진행되고 있다.손병규 외 2016 호적에는 인구 변동의 사유가 기록되지만 그러한 언급 없이 사라지거나 이동하는 경우가 많다. 더구나 호구조사가 이루어지는 3년 사이에 변동의 시기를 분명히 하지 않는 경우가 대부분이다. 특히 청대의 기인旗人 호적에는 사망과 관련한 기록이 상세하나 조선왕조 호적에서는 사망 시기를 특정하기 어려운 면이 있다. 단지 식민지 시대 호적의 제적부는 제적 사유와 그 시기를 분명하게 기록하고 있다. 족보는 사망 연도 기록이 누락되는 경우가 많지만, 선조의 기일忌日을 기억하기 위해 사망 '월일'을 기록하고 있어 사망의 계절성을 확인할 수 있다. 호적에는 혼인으로 인한 인구 변동 사항이 그다지 친절하게 기록되지는 않지만, 지역을 벗어나서 출가出嫁하는 경우의 우연한 기록이 남아 있어 혼인 연령을 추측하는 데에 유용하다. 한국의 족보에는 배우자 기록이 상세한 편인데, 혼인 시기에 대해서는 기록되어 있지 않다. 결혼에 대해서는 혼서와 같은 관련 자료의 분석이 도움이 된다.

'사회 불평등inequality'은 현대 사회에 가장 문제시되는 점들 가운데 하나이다. 사회사적으로 '사회변동social mobility'에 대한 연구가 활발하게 진행되어왔지만, 평등한 시민사회를 향한 염원이 실현되지 못하고 오히려 불평등의 간극이 커져가는 근현대의 실상이 밝혀질 뿐이다. 특히 '저출산 고령화'의 급격한 진행을 동아시아 여러 지역에서 공통적으로 경험하면서 사회경제적인 불평등성이 세대 간에 어떻게 계승되는가에 대한 관심도 높아졌다.

혼인 및 출산과 관련한 개인과 부부의 선택이 인구

현상의 변화를 불러올 뿐 아니라 가족의 라이프 코스에 영향을 미친다. 상속의 방법은 물론, 가족의 단절을 막기 위한 입양 방법의 선택이 인구학적 분석의 중요한 부분을 차지한다. 세대 간 계승에 대해서도 부자 간의 계승에서 조부모로부터의 연속성까지 영역을 넓힌 다세대 multi-generation 분석이 진행되고 있다. 현대인을 포함하는 분석에서 조부모 대에 조사된 수입 및 지출, 교육 정도 등의 자료가 활용될 수 있었기 때문인 것으로 보인다.

동아시아의 호적과 족보는 사회경제적 위상을 알 수 있는 정보가 기록되지 않지만, 신분이나 직업과 관련한 기록이 풍부하다. 자료에 따라서는 관직이나 군역 등의 '직역'과 직업, 종파나 재산의 정도를 알 수 있는 정보도 얻을 수 있어 인구 변동의 계층적 분석도 가능하다. 호적과 족보에서 확인되는 혈연관계에 더해서 토지 소유나 조세 관련 자료를 대조하여 경제적 측면에서만이 아니라 사회 문화적 상관관계를 염두에 두는 다세대 분석이 가능하다. 더구나 선조들이 생존할 때의 영향력에 한정되지 않는 분석 방법이 고안되어야 하겠지만, 이미 사망한 선조 대까지 거슬러 올라가서 수 대에 걸쳐 세대

간 계승의 관찰 방법을 적용할 수도 있다. 그러한 연구 방법이 유용하다면 호적은 특정 가계만이 아니라 여러 다양한 계층의 가계를 추적할 수 있다는 점이 자료적 장점으로 부각될 수 있다.

호적이나 슈몬아라타메초와 같은 주민등록 형태의 자료는 조사 당시의 동거 여부나 이주, 가족 규모와 같은 세대 상황을 분석하는 데에도 유용한 정보를 제공한다. 호적과 족보의 인구 기록은 역사인구학과 인구사 및 가족사 연구의 지평을 넓히는 데에 기여할 것으로 기대된다.

2 한국의 역사인구학적 변동: 18~19세기를 중심으로

서술한 바와 같이 근대국가의 인구조사가 시행되기 이전의 인구 자료로부터 인구학적 변동을 추적하는 학문이 '역사인구학'이다. 서구의 역사인구학은 산업화 이전에 이미 출산력이 감소하기 시작한 서유럽 지역을 인구학적 선진 지역으로 간주한다. 임신을 제어하지 않고 많이 낳지만 생존하기 어려운 환경에서 많이 죽기도 하는 '다산다사'의 인구 현상으로부터 임신을 제어하여 적게 낳아서 오랫동안 생존시키고 후생학적 향상을 도모하는 '소산소사'의 인구 현상으로 전환되는 것이 지향되었다. 여기에는 예방적 인구 억제, 즉 피임이나 만

혼으로 출산력을 억제하고, 유아 사망률을 낮추는 방안이 높게 평가되었다.

그러나 서유럽 이외의 지역, 특히 아시아 지역은 조혼을 하고 효과적인 피임 방법이 알려지지 않음으로써 높은 출산력이 지속되었으며, 빈번한 기아를 경험하여 다산다사의 인구학적 후진 지역으로 평가되고 있었다. 일본과 중국의 과거 인구 현상에 대한 연구는 서구 학계의 이러한 인식에 대해 이 지역도 인구학적인 선진 지역임을 밝히는 것으로 반론을 폈다. 조혼을 하더라도 초산을 늦추고 임신에 이르기까지 금욕·금기하는 관행이 있었다는 점, 보건을 위한 민간 의료가 발달해 있었다는 점 등이 거론되었다. 공동체의 인구를 조절하는 방법으로, 낙태가 어려운 상황에서는 영아 살해, 특히 여아 살해가 일반화되어 있었다고도 한다. 일찍부터 서유럽과 같이 출산력이 높지 않을뿐더러 예방적인 인구 제한이 존재했다는 것이다.

서구에서 시작된 역사인구학의 방법론에 준하여 통계상의 지표를 제시하면 다음과 같다.손병규 외 2016

우선 18~19세기, 재혼을 제외한 여성 초혼의 연령은 유럽에서 25~29세이고 일본은 이보다 조금 낮아서

20~26세인 데 반해, 중국과 한국은 16~19세 정도로 조혼이 일반적이었다. 여성의 초혼 연령은 계층에 따라 다양한 모습을 보이는데, 일본 한 농촌의 상층 여성은 평균 21.6세, 하층 여성은 평균 24.7세로 상층에 비해 하층이 오히려 만혼의 현상을 보인다. 한국의 경우도 상층과 중층 17.5세, 하층 18.5세 정도로 하층의 초혼이 늦은 편이었다.

첫째 아이를 낳는 초산 연령을 보면, 중국은 황실 남성으로 확인할 수 있는데, 혼인하고 3년 뒤에 아이를 갖게 되었다. 한국의 경우는 이것도 계층별로 차이가 있어서 상층 여성은 초산 연령이 19세 전후로 혼인으로부터 2년 뒤인 것에 반해, 중하층은 초산 연령이 22세 전후로 혼인으로부터 3~4년으로 양반가 여성보다 더 늦었다. 양반가의 여성은 혼인하기에 충분한 경제력을 가질 뿐아니라 적자를 원하는 종법 질서 인식의 확산으로 빠른 혼인과 초산이 요구되었다고 이해된다. 이에 반해 중하층 여성은 농촌의 노동력 수요에 응하여 혼인 시기를 늦출 수밖에 없었던 듯하다.

'부권 사회父權社會'가 발달했던 중국은 혼인과 관련하여 여성에 대한 문화적 차별이 초래되고 있었다. 아들만이 제사권이나 재산을 상속받을 수 있었으며, 혼인 시에는 여성 쪽 가족에게 혼인 지참금을 지급해야 했다. 여성은 어린 나이에 출가하여 시집살이를 하면서 '부권 사회'의 가족을 유지하기 위한 남아 선호 사상이 요구되었다. 여성은 일부다처제하에서 상승혼의 경향이 있었으며, 모든 여성이 혼인하는 개혼皆婚 사회를 이룰 수 있었다. 하지만 하층 남성은 여성 재혼이 금지되고 결혼 지참금 지불이 부담되어 결혼하기 어렵거나 만혼일 수밖에 없었다. 혼인 연령에서 남녀 불평등은 악화되었다.Lee & Wang 1999

일본의 경우는 또 다른 이유에서 남성의 미혼율이 높았다. 일본 '가보家譜'의 형태에서 보았듯이 '가家'의 계승은 단독상속으로 이루어졌다. 나머지 형제들은 경제적으로 독립할 수 없어 평생 독신으로 살든지 타지로 가서 어려운 혼인을 했다. 그런데 끊임없이 장남에게 가독상속家督相續을 완수하기가 그리 쉬운 일은 아니었다.坪内玲子 2001 따라서 장남을 대신하여 동생이나 조카, 서양자壻養子, 동족 양자, 이성異姓 양자 등으로 가독상속이 행해지는 다양한 상황이 존재했다. 장남이 계승하는 비율은 형제의 수에 좌우되기는 하지만, 많아야 70퍼센트를 넘지 못하고 50퍼센트를 밑도는 경우도 있었다. 하지만 영주와 같은 상급 무사는 서양자나 이성 양자가 극히 드물고 동성 양자가 많았다. 상급 무사 가계는 가독상속에서 여자의 역할이 약하고 남자 중심의 혈통 중시 경향이 보고되고 있다.

결과적으로 여성당 평균 종결 출산아 수, 즉 출산력은 유럽이 일반적으로 7.5~9명인 데 반해, 중국은 5명 정도에 그치는 것으로 추산되고 있다.

한국은 19세기 초 이후로 남성 재혼율이 감소하는 데에 반해 양자율 또는 계자율이 증가하는 현상을 발견할 수 있다. Son 2010 양반은 동일 계층의 통혼권 안에서는 일부일처一夫一妻의 원칙을 지켜, 전처가 사망해야 재혼을 할 수 있었으며, 재취하는 상대 여성은 양반가의 처녀였다. 정실을 잃은 남성은 적자로 가계를 계승시키기 위해 1년 이내에 재혼했다. 적자가 있더라도 보험으로 더 많은 적자를 얻으려 했다. 양반 남성의 재혼에 더해 양반가 과부의 재혼 금지와 하층 여성을 첩으로 들이는 실제적인 '중혼重婚'은 모든 계층의 여성이 개혼할 수 있는 한편, 하층 남성의 혼인을 어렵게 했다.

그런데 19세기에는 적자를 얻으려 양반가 처녀와 재

혼하기보다는 동성 친족으로부터 계자系子를 입후入後하는 쪽을 택하는 경향이 강해졌다. 계자를 설정함으로써 계부의 가산이 유지될 수 있을 뿐 아니라, 자녀 분할상속을 시행하는 한국의 경우에는 계자를 보내는 쪽의 자녀에 대한 상속분도 커지는 효과가 있었다. 동성 친족 사이에 재원이 분배되고, 혼인하여 가정을 이룰 가능성이 높아졌지만, 출산의 압박은 완화되었다고 할 수 있다. 출산력을 억제하는 요소는 과부의 재혼을 금지하는 관례가 확대된 데에 있다. 여성 재혼을 금지하는 성향이 양반층에 한정되지 않고 양반 지향적인 경향과 함께 하층으로 확대되어갔던 것이다.

한편, 17~18세기 영국 귀족의 기대 수명期待壽命은 31세로 알려진다. 중국 한 일족의 16~18세기 족보에서 기대 수명은 38세로, 19세기 요녕 호적에서는 30세로 추정된다. 일본의 경우는 18~19세기 각 지역 평균 40세 전후로 이보다 훨씬 길다. 한국의 경우도 출생 시의 기대 수명은 확인할 수 없으나 일본의 수준으로 여겨지고 있다. 동아시아 각 지역이 서유럽에 비해 수명이 긴 것은 분명해 보인다. 이것은 중국의 경우, 소농 경영에 의한 농업 생산과 18세기 상업화의 진전이 결합되어 1인당 식량이 감소하지 않고 증가했으며, 19세기 도시화와 20세기 산업화로 경제성장을 한 결과라고 주장되고 있다. 의술 전통으로 사망률에 대한 예방적 조절이 가능했던 것에 더해 영양과 신체 상황이 개선되고 있었다는 것이다.손병규 외 2016

한국의 계절별 사망률은 18세기에 겨울과 초봄에 피크에 달한다. 19세기에는 여름 사망률이 새로운 피크를 만들면서 사망의 계절성이 약화되었다.宮嶋博史 2001, Lee & Son 2012 이러한 사망의 계절성은 동아시아 일부 지역에서도 유사한 패턴이 나타나지만, 한국의 특수성이 영향을 미친 측면이 제기되었다. 그 하나는 온돌이 민간에 일반화하여 겨울 추위를 넘길 수 있었다는 것이다. 반면에 '환곡'을 위시한 국가의 곡물 분배 시스템이 19세기 중엽 이후에 무너져서 간혹 재해를 만나는 해에는 춘궁기의 기아를 극복하기 어려울 수 있다는 가정도 제기된다. 또한 영양 섭취가 충분한 만큼 여름의 소화기 계통 질병이 만연할 수 있다는 관점인데, 상기한 바와 같이 식량 확보가 충분했다는 중국의 경우와 일맥상통하는 바가 있으나 면밀한 검토가 필요하다.

역사인구학자들이 중국과 일본의 인구 조절 방법으

로 제시되고 있는 가장 특징적인 것은 여아 살해, 영아 살해다. Lee & Wang 1999, 速水融 1997 중국 18세기에서 19세기 초두에 걸쳐 출생한 지 1년을 넘기지 못한 영아의 사망률을 보면, 특히 여아의 사망률이 유난히 증가하여 18세기 말에 피크를 이루는 현상을 발견할 수 있다. 여아에 대한 영아 살해 infanticide와 육아 방기 neglect가 시행되고 있었다고 보는 것이다. 일본에는 성별 예상에 따른 영아 살해, '마비끼 間引'가 행해졌다는 기록이 적지 않다.

영아 살해는 남은 자녀의 생존과 보육 강화를 위하여 출생 후의 자녀에 대해 일종의 솎아 내기를 한 것이라 할 수 있다. 식량 위기로부터 탈출하기 위한 출산 제한인데, 단지 '곤궁과 비참'의 결과가 아니라 '인구와 재원의 불균형이 초래하는 파국을 사전에 예방'하는 것이다. 또한 출생 전에 낙태를 시키면 산모의 생명이 위험해지므로 출생 직후에 살해할 것을 미리 예정해둔다는 의미에서 영아 살해는 인구 조절상의 '예방적 억제'에 해당한다고 주장되고 있다. 피임이나 낙태가 효과적으로 행해지는 근대 이후의 사고방식으로 자연을 극복하지 못하는 과거 농업 사회의 행위를 이해할 수는 없다는 것이다. 그렇다 하더라도, 낙태가 도덕적인가하는 종교적 논란을 차치하고라도, 영아 살해가 '예방적 억제'라 할 수 있을지 모르겠으나 '도덕적 억제'라 하기에는 주저되는 바가 있다.

한국의 호적과 족보를 비롯한 인구 자료에서 영유아 사망률嬰乳兒死亡率을 확인하기는 어렵다. 단지 영아 살해는 아니지만 기근 시에 영유아가 방기되는 상황은 충분히 예상할 수 있다. 이 경우에 오히려 조선왕조 조정에서는 기아棄兒를 수습하면 자신의 수양자收養子나 노비로 삼는 것을 허락하는 일을 논의했다. 이는 숙종 29년(1703) 12월 25일의 기록으로 『숙종실록』 38권에서 확인할 수 있다. 조선왕조의 통치 이념에 의하면 재해 시의 민인에 대한 구휼은 국가—원론적으로는 국가의 상징인 국왕—가 책임진다. 하지만 긴축재정으로 제한된 재원으로 모든 민인의 구휼 비용을 감당하기는 어려웠기 때문에 민간에서 기아를 수용하도록 조처한 것이다. 일부의 인구 관리를 민간의 자율에 위임했다고 할 수 있다. 조선왕조의 양천제가 이러한 관점에서 설정된 것일지도 모른다. 국가는 조세 및 국역의 의무를 지는 양인을 관리 대상으로 하고 노비는 양인이나 개별 국가기관에 귀속시켜 관리하도록 했다는 가설이 제기될 수 있다.

　지방관의 일곱 가지 주요한 임무 가운데 하나는 '호구증戶口增'이라 하여 관할구역 내의 호구를 증가시키는 일이 있다. 물론 조세 징수와 노역 동원이 가능한 건실한 양인 가족을 확보 대상으로 했을 것이다. 그와 더불어 그들을 지탱할 경제적 기반을 확보하도록, 농업 생산 증강을 위한 권농勸農 장려가 병행되었다. 『대전회통』에 따르면 조선왕조는 빈한하여 미혼인 여성의 혼인을 지원하도록 법제화했다. 또한 수절守節이라는 명분으로 사족 여성의 개가改嫁를 금하는 논의가 조정에서 거론되기 시작할 때, 구휼 차원에서 과부의 재혼을 허락해야 한다는 반론이 지속적으로 재기되기도 했다. 이는 연산 3년 12월 12일과 연산 6년 10월 8일의 기록으로 『연산군일기』 28권에서 확인할 수 있다.

　가족의 형성을 장려하는 이러한 조선왕조의 정책은 가족의 자활 능력을 인정하고 자체적인 구휼을 현실적인 목적으로 했다. 소가족의 효율적 노동 분배에 의거한 노동 집약적인 농업경영이 발전하는 것과 궤를 같이하여 가족의 형성과 인구의 증가가 요구되었다고 여겨진다. 조선 정부는 인구 억제보다는 토지 생산성 증대를 위한 노동력 확보에 인구 관리의 정책적 주안점을 두었던 것으로 보인다.

이 시점에서 서유럽의 인구학적 선진성을 기준으로 동아시아의 인구 억제를 주장하는 논의에 근본적인 문제점이 제기될 수 있다. 중국이나 일본의 영아 살해도 그것이 얼마나 광범위하게 실현되었는지는 자료 분석상 논란의 여지가 있다. 일본의 영아 살해 관례인 '마비끼'는 효과적인 인구 억제 방법으로 주목되지만, 막부에 의해서 금지되기도 했다는 사실이 고려되어야 할 것이다. 인구 억제가 동아시아의 집권적 국가에서 일반적일지는 재고의 여지가 있다. 인구 조절에 대한 부부의 판단이나 사회 공동체의 역할과 함께 국가적 역할이 고려되어야 한다. 동아시아 사회에서 주목되는 점은 전제 국가의 집권성이 인구 변동에 끼친 영향력이다.

18~19세기 동아시아 각국의 인구 추세를 살펴보면, 중국의 경우는 18세기까지 빠르게 인구 성장을 하고 19세기에는 인구 증가가 완만하거나 정체되는 것으로 추정되고 있다. 일본의 경우는 18세기 이후에 인구가 정체된다고 한다. 그것은 19세기 중엽까지 겪게 되는 '소빙기'의 영향도 있지만, 영아 살해와 같은 인위적

인 인구 조절이 효력을 나타낸 것으로 주장되고 있다.鬼頭宏 2000 한국은 18~19세기에 전국 규모 호구 수가 일정 수준으로 정체되어 있지만, 그것은 총액제적 호구 정책의 결과이지 실제의 인구 추이를 나타내지는 않는다. 인구 변동에는 여러 가지 변수가 작용하여 현 단계의 연구 수준으로 중국이나 일본의 경우에 예상되는 인구 추이와 유사할 것인지 단정하기는 어렵다.

3 가족의 옛날과 지금:
사회 불평등과 인구 관리

식민지 조선의 호적은 일본의 명치호적에 준하여 작성되었음은 앞서 서술한 바이다. 조선왕조의 호적은 현거주자에 대해서 3년마다 재조사되어 통호수가 바뀌는 현주지주의 등록부이다. 정부가 필요로 하는 호구 총수에 맞추어 선별적으로 등재되기 때문이다. 이와 달리 명치호적은 본적지에 고정된 주소의 호를 형성하여 개인의 제적 및 입적 사항이 발생할 때마다 기록한다. 에도시대 종문개장 가운데 이주했어도 본적지에 등재되는 본적지주의 등록부를 계승한 것으로 여겨진다. 개인의 제적 및 입적 사항은 출생과 사망, 출가와 혼인 입적, 양자 결연, 거주 이전의 전거 등이다. 여기서 전거는 단순한 거주 이동이 아니라 대부분 형제 가족이 '분가_{分家}'하여 새로운 호를 창출하는 경우이다.

조선왕조의 호적에는 호등제를 실시하는 경우를 제외하고 자식이 혼인하여 가족을 이루는 순서대로 '분호_{分戶}'를 한다. 호적에 등재되는 주호 가족은 부부와 미혼 자식으로 구성되는 단혼 소가족을 원칙으로 하기 때문이다. 균일한 부역 단위로 파악하고자 하는 호구 편제에 의한 현상이며, 실제로 분가를 했는지는 알려주지 않는다. 이때의 '호'는 부와 같은 존재를 가장_{家長}으로 삼아 비혈연의 귀속자를 관리케 하는 '가부장제적 가_家'이다. 혈연의 가족은 소가족이 원칙이다. 호적의 호를 대표하는 자는 국가의 호구 정책을 따라 호역의 책임을 질 뿐, 호내 구성원을 억압하는 편향된 권력이 주어진 것은 아니다.손병규 2007

식민지 시대 초기에 호적상의 '분가' 가운데 장남 가족의 분가는 감소하고 차남 이하 가족의 분가는 증가했다. 식민지 시대를 통해 호당 구수가 증가했는데, 하나의 호에 부모와 하나의 자식 부부로 구성되는 직계가족이나 형제 가족이 복수로 존재하는 확대가족의 형태로 등재된 호가 증가한 결과이다. 연장자 남성을 가장으로 그에게 권력이 편중되는 '근대적 가부장제'의 형성을 의미한다.

이러한 식민지 시대 호적의 가족 형태는 직계가족이 일반화되는 일본 에도시대의 가족 형태와 연이어 있다.손병규 2008b, 2011b 사회인류학이나 역사인구학 분야의 연구에서는 일찍부터 단혼 소가족이 일반적이었다. 근대사회로 접근할수록 점차 가족의 규모가 커져가는 방향성도 상정할 수 있다. 일본은 '이에家'를 단독으로 계승하여 '은거隱居'하는 부모와 함께 분가하지 않은 미혼의 형제자매들을 포함하여 가족을 형성하는 경향이 있었다. 이 형제들은 그렇지 않으면 타지에 분가하여 독자의 가계를 창시하기도 한다. 그런데 한국에서도 18~19세기를 통해 가족의 규모가 확대되는 현상을 확인할 수 있다.손병규 2008b 20세기 초의 식민지 당국은 한국의 이러한 현상을 일본인 자신들의 경험으로 이해했는지도 모른다.손병규 2007a

조선왕조 호적의 호는 상기했듯이 단혼 소가족 형태가 일반적이다. 자식들에게 토지와 노비 상속이 진행되기 전에 호적에서는 장남 가족부터 분호가 진행되고 있었다. 분호한 장남의 호적에 솔하의 노비로 등재되었던 자들이 뒤에 이루어지는 분재에서 재편되어 반드시 장남에게 귀속되는 것은 아니었다. 자식들이 상속받아 실제로 분가하기 전에 호적 장부에는 별도의 호를 세워 분호한 것으로 기재되었던 것이다. 이러한 점을 감안하여 부모의 생사 여부를 기준으로 분호한 형제들의 분가 여부를 판단한 뒤에 가족 형태의 변화를 살펴보면, 직계가족과 확대가족이 증가하여 가족 규모가 커져가는 것을 볼 수 있다.

그와 대조적으로 조선왕조는 민인의 호구를 균등화시켜 집권적 통치를 시행하고자 했으며, 19세기 호적에는 그러한 일률적인 형태의 호를 대대적으로 확보하게 되었다. 양인 직역자—특히 '유학'이라는 직역명을 사용하는—단혼 소가족이 노비 한두 명을 등재하는 호구 등재가 그것이다. 그에 대해 현실의 가족은 사회 환경의 변화에 따른 농업 소경영의 불안정성과 사회 불평등 현상에 대응하여 가족의 규모를 확대시킴으로써 그러한 위기감을 극복하려 했던 것이다. 이것은 장남을 우대하는 분재 방법을 선택하거나 방계 선조의 계자로 입후하여 가계 단절을 불허하는 방식으로 가족의 사회경제적 기반을 제공함으로써 가능했다. 두세 명의 자식이 결혼하여 가족을 이룰 때까지 살아남아 인구를 재생산할 수 있었을 뿐 아니라 가족 계승의 반대급부로서 생존한 노부모를 봉양할 의무를 다할 수 있다.

　18세기 이후 가족 규모의 확대가 중국의 종족과 같은 동성 친족의 집단화에 이르지는 못했으나 '문중門中', '종중宗中'이라는 동성 가족 간의 연대와 '동성 촌락'이라는 배타적 지역공동체의 구상이 뒤이어 시도되었다.손병규 2015 이것은 식민지 조선인이 식민지 시대를 견뎌내는 사회 활동의 근간이 되었음과 동시에, 한편으로는 식민지 조선인에 대한 일제의 식민지 경영에 활용되는 대상이 되기도 했다. 서파를 포함하여 부계 혈연으로 단일화되는 족보를 편찬하거나 그러한 족보 편찬에 반대하여 적파로의 계보적 정통성을 고수하고자 하는 족보도 동시에 편찬됨으로써 족보가 식민지 시대 출판물 건수로 1~2위를 차지했다.손병규 2014 황민화皇民化의 일환으로 시행된 창씨개명創氏改名도 문중·종중의 활동이 기대되었다.손병규 2011b 다만 문중이 집단화되지 못하고 내부의 좁은 범위의 일가친척이 연대하는 데에 그치는 것이 현실이었으므로 그러한 범위에서 동일한 개명이 진행되었을 뿐이다.

식민지 시대의 본적지주의 호적과 부계 혈통주의 족
보는 개개인의 인구 요소를 통계화하기 위한 근대적 인
구조사와는 전적으로 이질적인 것이었다. 근현대 사회
에 이르기까지 근대적 인구조사와 병행하여 동아시아
전통의 호적 작성과 족보 편찬이 지속되었다는 점이 한
국 인구 현상과 인구 관리의 특징이라 할 수 있다. 익명
의 개개인을 집단화하여 과학적으로 이해하고자 하는
인구의 개념은 가족의 보수성을 부정적으로 받아들여
가족의 해체를 당연시하게 된다.

1980년대 후반 이후, 한국은 소위 '2차 출산력 저하'
의 시기를 맞이한다. 그 인과 구조는 교육과 취업 기회
에서 성차별이 감소하고 여성의 경제활동이 활발해져
서 가족 형성 시기가 지연되며, 혼인을 하더라도 자녀
양육에 대한 여성 지배력이 확대되는 한편, 이혼으로 인
한 가족해체가 증가하여 결국 출산력 감소를 초래하게
된다는 것이다. 하지만 이와 같은 설명은 마치 출산력
저하의 책임이 여성의 사회경제적 활동에 있는 듯이 들
린다. 저출산에 대한 이러한 논지는 현재에도 쉽게 거론
되고 있다. 이것은 여성에게 '현모양처'를 강요하는 근

대적 가부장제에 근거한 인식이며, 근대적 가부장제가 더 이상 가족의 유효성을 견지할 수 없게 되었음을 의미한다. 오히려 저출산의 결정적인 원인은 외환 위기 이후의 경제난과 실업률의 상승이라는 경제적인 요인이다. 가계 경영의 불안정을 사회보장 체제나 국가적 지원 없이 가족이 고스란히 감당해야 하는 것이라면 더욱 그러하다.

부의 분배, 즉 사회보장과 관련하여 더욱 심각한 문제는 저출산의 원인이 아니라 그 결과로서 고령화 사회Aging Society의 도래이다. 65세 이상의 고령 인구가 총인구에 점하는 비율이 7퍼센트 이상이면 '고령화사회', 14퍼센트 이상이면 '고령 사회', 20퍼센트 이상이면 '초고령 사회'라 하는데, 한국은 2000년에 7.2퍼센트, 2017년에 14퍼센트며, 2026년에 20퍼센트를 넘을 것으로 예상된다. 1960년대 이후 소득수준이 향상하고, 식생활이 개선되었으며, 의학과 보건 위생이 향상되면서 평균수명이 연장된 것에 반해, 저출산으로 고령화의 상대적 비율이 더욱 상승한 결과이다.

사회적 문제는 적은 노동인구가 많은 노년 부양비를 감당해야 한다는 것이다. 가족이 형성되지 않거나 해체되는 상황에서 상속과 노인 부양의 관계에 의거하여 가족에게 해결을 맡길 수는 없게 되었다. 노인 노동의 생산력 하락과 사회복지 자원의 감소는 빈곤한 노인층을 양산하고 사회 불평등을 가속화시키고 있다. 노인 소외, 빈곤, 질병 등의 노인 문제에 대해 복지 정책 및 예산 확보의 계획적 추진이 요구되는 이유이다. 노인 및 청년의 일자리 확대, 취업 경쟁 완화, 안정적 임금체계 확보, 최저생계비 보장, 기본 소득 제도의 실시 등이 그것이다.

여기에는 항상 사회복지 비용을 둘러싸고 시장과 재정의 관계가 거론될 수 있다. 복지 비용의 충당을 위한 과세 비율의 증강은 경제성장을 둔화시키고 다시 저출산 고령화 문제의 심각화로 악순환을 불러온다고 여겨지기도 한다. 이에 대해 그러한 악순환의 고리를 끊기 위해 자본 집약적 경영을 재고하고 노동자에게 임금 결정권이 주어지는 '사회적 경제'의 필요성이 제기되기도 한다. 사회 불평등의 심화에 대해 그 해소의 방향성을 제안하는 것이다. 분명 높은 수출의존도에 한국의 경제 성장을 의지하는 경제구조에서 그것은 어려운 과제이다. 산업 기술의 자립화와 함께 국내 내수 기반의 활성

화가 요구되고 있다.

한 걸음 더 나아가 되돌아봐야 할 것은 근대 이후의 사회 불평등이 일국 내 계층 간에 심화될 뿐 아니라, 선진국과 후진국 사이의 국제적 관계에서 심화되고 있다는 점이다. 어느 곳의 경제성장은 경제적 침탈에 의한 경우가 많다. 그에 대한 책임을 물어야 한다. 경쟁만이 아니라 상호 호혜의 평화주의적 분배가 그 해결책으로 제시될 수 있다. 그것을 위해 취해져야 하는 것은 우선 온갖 차별을 문제시하고 그것을 해소시켜나가는 노력이다. 가령 저출산에 대응한 노동인구의 확보와 관련하여 다문화 가정이나 외국인 노동자에 대한 차별이 문제시될 수 있다.

가족 구조와 관련하여 저출산 고령화 문제를 서울의 가족통계를 가지고—전국 규모 평균치에 묻혀버릴 수 있는 부분을 고려하여—다시 살펴보자. 부부와 미혼 자식으로 구성되는 전통적인 단혼 소가족은 2000년에 서울시 전체 가구의 50퍼센트에 달했었다. 그런데 15년 간격으로 2015년에는 34퍼센트였으며, 2030년에는 25퍼센트로 감소될 것이 예상된다. 4인 이상으로 구성된 가족을 보면, 2000년에 45퍼센트, 2015년에 26퍼센트였으며, 2030년에 16퍼센트로 예상된다. 이에 반해 1인 가족이 2000년에는 16퍼센트, 2015년에 27퍼센트였으며, 2030년에 30퍼센트로 예상된다. 21세기 초의 30년 사이에 가족의 근간을 이루는 단혼 소가족은 반으로 줄어들고, 4인 이상으로 구성된 가족은 3분의 1에 가깝게 대폭 감소할 것으로 예상된다. 반대로 1인 가족은 30년 사이에 두 배 가까이 증가하는 변화가 예상되는 것이다. 서울에 한정되는 통계적 특수성을 감안해도 가히 가족의 해체를 이야기하는 데에 무리는 없다.

그런데 여기서 주목하고 싶은 것은 이 세 가지 사항이 앞의 15년 사이의 변화에서 급격한 것에 비해 뒤의 15년 사이의 변화는 완만하다는 점이다. 앞으로 가족의 해체 속도가 적응하기 어려울 정도로 그리 비관적이지는 않다. 물론 저출산 고령화의 진행에 따른 가족 구조의 내용이 각각 다를 것이다. 가령 1~2인 가구 가운데 가구주=세대주의 연령이 60세 이상인 경우가 2000년 15퍼센트에서 2015년에 27퍼센트로 증가하고 2030년에는 44퍼센트에 달할 것으로 예상된다. 30년 사이에 3배 가까이 증가하여 1인 가구의 증가세보다 격한 변화를 보일 것으로 추측된다. 역설적으로 말해 60세 이상의 인구가 다시 가족 문제의 주역으로 나타나고 있다. 특히 1~2인 가구는 다른 가구와 연계하여 가족을 이루는 경우가 많다. 1~2인 가구의 증가는 그러한 연대가 약화되어 노인 소외가 심화되는 표현이기도 하지만, 연대가 긴밀해지는 측면도 간과해서는 안 된다. 가족 간에 부양받지 않아도 되는 사회보장이 갖추어질 때의 가족 관계, 오히려 자식 세대가 부모에 의존하는 관계 등 다양한 가족 관계를 고려할 수 있다.

여기서 역사인구학으로부터 저출산 고령화 문제와 가족 구조의 관계를 추적하는 연구 방법론을 소개하면서, 한국 역사의 장기적 관점에서 가족의 변화와 인구 관리에 대한 시각을 제시하기로 한다.

역사인구학은 인간의 일생을 '출생-혼인-사망'이라는 인구학적 사건의 순환life-cycle 과정에서 검토하는 연구 방법론이다. 가족에 대해서도 가족 구성원의 그러한 라이프사이클을 계기로 하여, 가족 자체의 라이프사이클을 추적하는 방법이 제안되었다.速水融 1999 혼인과 출산으로 인해 부부와 미혼 자식으로 구성되는 단혼 소가족으로부터 자식의 혼인과 자식 부부와의 동거로 이루어지는 직계가족, 차남 이하의 혼인과 복수의 자식 부부와의 동거로 이루어지는 확대가족의 성립, 다시 자식 가족의 단혼 소가족으로의 분가와 독립이라는 변화의 관점에서 관찰하는 것이다. 여기서 가장 부부의 이혼과 재혼, 부부 어느 한쪽의 사망 여부 등등에 따른 다양한 가족의 존재로 가족 형태를 세분할 수 있다.

그런데 가족의 라이프사이클 관점으로 더 주목하는 부분은 가족의 규모와 형태를 고정적이고 단절적으로 관찰하는 것이 아니라, 출생으로 인구가 재생산되듯이 가족도 혼인과 출산, 양자 결연을 통해 계승되는 측면에 있다. 단지 기존의 인구학적 지향이 피임, 불임을 비롯한 인구재생산의 억제에 있었다고 한다면, 가족에 대해서는 계승의 단절을 피하는 방안이 도모되어왔다. 인구절벽에 맞닥뜨리게 되는 상황과 마찬가지로 가족도 계승의 단절, 즉 가족 소멸의 상황이 전제되어 있다. 이미 혼인과 출산, 양자 결연 등으로 가족을 계승하는 가족제도는 붕괴되고 새로운 형태의 가족공동체가 창출되고 있다. 가족의 라이프사이클 관점은 가족 형태의 변화와 함께, 가족의 소멸과 기왕의 가족제도에 의하지 않는 가족공동체의 생성을 수용한다.

제도란 국가의 법률과 사회적 관례로 통제되는 것을

의미함과 동시에 보호·보장하는 장치이기도 하다. 기왕의 제도가 소멸한다고 해서 제도를 설정한 이유와 목적이 소멸하는 것은 아니다. 인구와 가족에 대한 학문적 지향은 모두 사회 구성원의 사회경제적 생활수준을 유지하고 향상시키는 데에 있다. 현재 인구학적 지향이 인구 억제에서 인구 증대로 전환되고 있다면, 이제 가족의 복지도 새로운 제도하에서 국가와 사회에 의해 지속적으로 보장되어야 한다.

유럽의 역사인구학 연구에 최근 주목되는 연구 주제는 확대가족, 여성 가장, 세대 전환에 관한 것 등으로, 모두 가족의 계승 문제—그것도 사회 불평등 극복을 위한—와 관계가 있다. 확대가족을 주제로 하는 연구는 동유럽 연구자들에 의한 것이 주목된다. 동유럽은 '후진적인' 가족 형태로 여겨지는 확대가족이 늦게까지 많은 비중으로 존재하던 지역이다. 그러나 연구는 소가족에서 대가족으로 가족의 규모가 확대되는 경향도 있으며, 그것은 산업화 전후의 시기를 살아가는 유효한 가족 형태로 인식한다. 핵가족은 가장 오래된 형태이며 근대화로 가족 형태가 대가족에서 소가족으로 축소된다는 것은 날조임은 이미 밝혀진 바이다.Todd 2011

조선왕조 18세기 이후로 직계가족이나 확대가족의 비중이 점차 커져가는 현상은 앞에서 이미 서술했다. 분할상속으로 인해 상층 신분의 경제적 위상이 하향 평준화함과 더불어 중앙정부는 집권적 통치 시스템의 실현을 위해 균등한 형식의 호구 편제를 수용해가는 상황에 대응하는 사회적 현상이라 이해된다. 그러한 가족 규모의 확대는 친족 네트워크의 연대를 강화하는 현상으로 발전했다. 더구나 19세기 후반에 구휼을 비롯한 국가 재정의 역할이 흔들리다 그나마 대한제국의 황실 재정으로 운영되고, 급기야 그러한 국가마저도 사라지는 상황에 처하여, 위기 극복은 가족의 확대에 근거할 수밖에 없었다고 여겨진다. 이러한 현상이 멈추고 가족이 축소되는 것은 실질적인 산업화가 진행된 1970~1980년대 이후로 보인다. 이것은 사회 캠페인을 내세워 국가가 주도했다. 한국사에서 가족의 변화는 단지 사회적 현상만은 아니었다.

다음으로, 여성 가장에 대한 연구도 확대가족의 유효성을 수용하는 입장에서, 그리고 다양한 가족 형태— 혼인이나 양자에 의하지 않는 것을 포함하여—의 유효성을 모색하는 일환으로 발표되었다. 여성이 가장인

가족은 자립도가 약한 불안정한 가족으로, 산업화 과정에서 농촌보다 도시에 더 많은 분포를 보인다. 하지만 농촌에서 사회경제적 안정성을 확보한 대가족은 여성 가장을 경험한 경우가 많다. 여성 가장은 가족이 단절할 위기를 넘기며 대가족으로 계승될 수 있도록 하는 역할을 수행한 것이다. 가족의 연속성이 갖는 가치를 전제로, 여성의 사회적 역할이 평가될 것을 제안했다. 일본의 여성사 연구는 딸이나 사위가 '이에'의 계승자로 대거 등장하는 한편, 가족의 계승을 중시하는 당시의 사회인식에도 불구하고 과부가 그 역할을 버리고 사랑을 선택하는 사례를 소개하고 있다. '남녀의 사회적 역할 분담'이라는 소위 '젠더Gender'의 여성사를 도입한 연구이다.

조선왕조 호적은 여성이 사회적인 역할뿐 아니라 국가적 역할을 수행한 사실이 알려준다. 여성이 호의 대표자로 등재되어 호역 담당의 주체가 되는 사례가 적지 않기 때문이다. 여성이 소송의 당사자로 등장하는 등 법적인 주체로 허락되는 경우는 조선 시대에 흔히 발견할 수 있다.전경목 2013 그런데 여성이 호의 대표자로 등재되는 사례는 부부가 온전히 생존하는 가족을 호의 주체로 확보하려는 정부의 호구 정책과 더불어 18세기 이후 점차 감소했다.김경란 2003 식민지 시대 호적에도 여성 호주가 없지 않으나 식민지 당국은 어쩔 수 없는 경우를 제외하고 가능한 한 소멸시키고자 했다.손병규 2007a 이러한 근대적 가부장제의 구축은 1960년대 이후 박정희 정권하에서 심화되어 2005년에 호주제가 폐지될 때까지 여성 호주가 전면 금지되기에 이르렀다. 여성해방론은 암흑 속에 억압되어 '여성이 없는 중세'라는 역사 인식에 근거를 둔다. 그러나 여성에 대한 사회적·국가적 억압은 오히려 근대사회 이후에 심화되었다는 사실이 간과되고 있다.

끝으로 가족의 사회경제적 계승 관계를 산업화 전후로 비교하여 사회 불평등의 연속성을 장기에 걸쳐 추적하는 연구에 대해 다시 한번 소개한다. 소위 'Multi-Generation'이라는 연구 방법으로, 부자 간의 세대 관계인 'Inter-Generation'을 넘어 조손 간의 영향력 관계로 확대된 것을 말한다.Xi Song & Mare 2015 미국과 유럽에서는 일찍이 부부의 교육 정도, 직업, 수입 등의 사회경제적 위상에 대한 조사가 실시되어 당시의 사회 불평등 상황이 확인되고 있었다. 한 세대가 흘러 자식 부부의 사회경제적 위상에 대해서도 조사됨으로써, 부모와 자식 사이의 사회경제적 위상의 변화를 검토할 수 있게 되었다. 나아가 손자 세대의 조사가 이루어지면서 조부모의 사회경제적 위상이 손자대에 미치는 영향력을 측정하는 사회학적 연구 방법이 개발되었던 것이다.

산업화 전후로부터 근대사회의 장기간에 걸친 신분 변동이 측정되었고, 검토 결과 사회경제적 위상이 그대로 계승되는 현상을 중심으로 상승과 하락의 다양한 전개가 보고되고 있다.Helgertz 2015 산업화 이전의 유럽은 사회 불평등이 심한 신분제 사회였으나, 산업화 이후에도 사회경제적 위상이 연속되어 기대하던 사회 불평등의 해소가 거의 실현되지 못했음을 밝힌 것이다. 이에 반해 호적이나 족보와 같은 자료에서 확인되는 동아시아 각국의 장기적인 신분 변동은 사회 불평등이 해소되는 방향성을 견지해왔다.Lee 2015 소농 사회의 발달과 생산력의 한계를 겪으면서 노동력 분배를 효과적으로 할 수 있는 규모로 가족을 계승해온 결과라고 할 수 있다. 또한 그것은 중앙집권적 정치 이념을 실현하고자 하는 국가의 인구 관리가 비교적 성공적으로 추진된 결과이기도 했다. 근대국가의 정치 이념인 민주주의와 시민 평등은 동아시아 사회에서 쉽게 수용될 수 있는 이념이었다. 사회 불평등은 현대사회에서 심화되었다.

인구 관리의 역사성

1994년에 이집트 카이로에서 유엔 주관으로 국제인구개발회의(ICPD)가 개최되었다. 인류가 안고 있는 인구문제를 국제적으로 해결하기 위해 1974년부터 10년에 한 번씩 열리는 이 회의에서는 이후 20년에 걸쳐 시행하기로 한 '카이로 행동 계획'이 발표되었다. 주된 취지는 인구의 억제와 지속적인 경제성장이었는데, 선진 공업국과 선후발의 여러 개발도상국에서 그것에 대한 인식을 각기 달리했다. 그 외에 지구환경, 종교 문화적 인식의 다양한 차이를 포함하여 인구문제에 대한 합의점에 도달하지 못하고, 단지 영아 사망률과 산모 사망률의 하락, 여성의 사회적 지위와 교육 수준의 재고를 포함하여 여성 자신이 가족이나 인구의 존재 형태를 선택할 수 있는 사회를 만드는 데에 동의하는 것으로 공동성명을 삼을 수밖에 없었다.

이 인구문제 해결을 위한 행동 계획은 인구 증가가 빈곤을 가져온다는 '맬서스의 덫' 논리에 근거하여 다산다사의 후진적 인구 현상을 개선하자는 발상에서 제기된 것으로 보인다. 인구 억제가 삶의 질을 높인다는 인식에서 연유한 것이다. 또한 세계 인구를 억제해야 할 필요성은 인구 증가—소비의 증가—로 인한 기후변화에 두어졌다. 인구를 억제하는 가족계획과 생식 건강生殖健康이 인구밀도가 높고 기후변화의 악영향을 받기 쉬운 빈곤층에게 중요한 의미가 있다고도 했다. 인구에 대한 이러한 발상은 자국으로의 수입이 감소할 것을 우려하거나 후진국의 빈곤을 책임질 수 없다는 선진국의 입장에서 나왔다고 받아들여지기에 충분하다.

인구 억제가 빈곤으로부터의 탈출에 도움이 될지는 모르나 그로부터 경제성장을 불러올 것인지는 별도의 논의가 필요하다. 기후변화에 영향을 주는 것은 오히려 인구 증가와 함께 진행되는 경제성장이다. 원론적으로 보면, 부의 높은 배분을 위해 인구 억제가 유리하지만, 다른 한편으로는 임금을 낮추고 시장을 확보하기 위해서 인구 증가가 유리하다. 경제성장에는 오히려 인구 증가가 유리하지만, 소득분배나 식량 공급을 생각하면 인구 억제가 요구되는 모순이 발생한다. 인구 억제가 경제성장을 불러온다는 인과관계는 본래 성립하지 않는 환상에 지나지 않을지도 모른다.

이 회의에서 개발도상국이던 한국은 인구 억제와 경제성장을 동시에 달성한 사례로 관심이 모아졌으며, '인구 조절이 개발에 미치는 중요성'을 자랑했다. 그러나 당시까지의 경제성장은 식량 생산 증대에 내몰린 농업 노동과 저임금의 노동 착취에 의한다. 높은 교육 수준에 의한 높은 노동 숙련도가 경제성장을 가져온 그나마 긍정적인 원인이다. 여기에 수출 의존도를 높이는 경제구조는 외국의 영향을 강하게 받아 경제적 자립을 방해하게 된다. 이것은 해외의 자원과 소득을 자국으로 끌어모으는 경제성장으로 선진국 대열에 합류하고자 한 것에 지나지 않는다. 이후로 한국은 경제성장을 저해하는 '저출산의 덫'에서 헤어나지 못했다. 저출산 상황에서 경제성장을 지속시키기 위해서는 인공지능이나 많은 외국의 노동자가 필요할 것이다.

1970~1980년대 한국의 경제성장은 인구 관리의 독특한 역사와 함께 진행되었다. 한국의 인구조사는 5년마다 실시되는 인구 주택 조사만이 아니라, 신원 조회에

유리한 본적지주의 호적을 지속해서 작성하면서 개별 인신의 일률적 파악을 위한 주민등록제의 실시를 병행했다. 근대적 인구조사는 익명성의 개인을 집단화하여 인구 요소의 통계학적 분석을 통해 경제 발전과의 관계를 이해하기 위해 시행되었다. 후자는 국가가 민인을 개별 인신적으로 파악해가는 전통적 인구 관리의 최종적인 모습이라 할 수 있다. 하지만 둘 다 집권적인 통치 체제에서 행할 수 있는 인구 관리 방법이며, 둘 다를 수용한 한국 근대의 역사성을 재고할 순서이다. 어떠한 인구 관리를 행하든, 관리의 당사자인 당시 집권 정부가 민주적인가 아닌가, 누구를 위한 경제성장인가가 문제이다.

과거 동아시아의 전제 국가는 오래전부터 인구 증가와 경제 안정화를 '인구문제를 해결하기 위한 행동 계획'으로 삼았다. 전제 국가의 '인구문제'는 부의 불평등 분배로 인한 가족의 붕괴, 구성원의 '유리걸식遊離乞食', 인구재생산의 중단이었다. 국가의 인구 관리는 '왕토왕민王土王民' 사상에 근거한 중앙집권적인 통치 이념하에 행해졌다. 왕권이 미치는 모든 영역의 토지를 민에게 균등하게 분배하여 삶을 영위하도록 하고, 민은 그 은혜에 보답하기 위해 세역을 부담한다는 이념이다. 이때의 재정은 국가에 세역이 집중되고 재구성되어 공공 업무 수행을 완수하기 위해 재분배되는 과정을 거친다. 그러한 세역의 중앙집권적 징수·징발과 재분배를 위해 정기적으로 호구조사가 실시되었던 것이다.

호구조사에는 동시에 토지 분배와 세역 부담을 균등하게 시행—균전均田·균세均稅—할 수 있는 형태로 호구 편제가 병행되었다. 당시에 일반적인 형태로 존재하던 소가족을 표본으로 부부와 미혼 자식으로 구성되는 '호'를 편제하는 것이 원칙이었다. 국가가 민을 사회적·경제적으로 균일한 형태로 일률적·일원적인 파악을 시행하는 것, 그것이 중앙집권적 통치의 이상이었다. 동아시아 전제 국가의 호구조사는 그러한 중앙집권적 통치 이념을 실현하기 위한 수단으로 시행되었다.

호구조사를 통해 가족의 사회적 균등을 제도적으로 실현하는 일의 가장 주요한 목적은 신분 격차를 해소해가는 것이었다. 개별 민인에게 국가권력이 직접적으로 닿기까지 그 사이에는 중층적인 여러 신분 집단의 분권적인 권력 행사가 존재했다. 특히 귀족, 사족, 무사와 같은 상층 신분이 법적으로 용인되는 시기에는 그들에 대한 별도의 인구 관리가 '족보'를 수단으로 취해졌다. 소위 '관찬족보官撰族譜'가 그것으로, 중앙정부는 그로부터 계보적 정통성을 확인한 뒤에 관료로 등용한다든지 토지 징수권을 부여하는 등의 신분적 특권을 용인했다. 동아시아 각국의 사회구조와 그 변화에 따라 시기를 달리하나, 제도적으로 이러한 상층 신분의 법적 보장이 소멸될 때에는 호적에도 그에 대한 기록이 사라졌다. 그들의 후예들은 사라진 국가적 신분보장의 울타리에 대신하여 스스로 부계 혈연집단의 결성을 위해 '민간 족보'를 편찬했다. 민간의 자율적인 인구 관리가 시도되었다고 할 수 있다.

한국은 고려 시대에 중앙 관료인 양반과 지방 관리인 향리와 같은 상층 신분에 대해 관직 수행에 대한 법적 우대 조치가 시행되고 있었다. 관찬족보를 별도로 작성하지 않았으나 호적에 신분적 정통성을 확인하기 위해 부계와 모계의 선조들을 기록하도록 했다. 호적 작성에 신분제적 인구 관리를 시행한 셈이다. 그러나 조선 건국 이후에 점차 이러한 귀족적 신분의 특권을 소멸시키고 호적에 모든 양인에게 일률적으로 사조(부, 조, 증조, 외조)의 기재를 허가했다. 특권적 우대 조치를 잃은 사족들은 이에 대응하여 스스로 친족 네트워크와 혼인 네트워크의 유대관계를 강화하기 위해 족보를 편찬했다. 이들은 신분제의 유동적인 성격으로 인해 조선 시대 전시기를 통해 그들의 사회적 위상을 유지하기 위한 온갖 수단을 동원하게 된다. 이들이 바로 고려왕조의 귀족 '양반'과 다른 조선적인 '양반'이다. 이들도 조선왕조의 인구 관리상 세역을 부담하는 양인의 하나에 지나지 않았다.

조선왕조의 신분제적 인구 관리가 갖는 또 하나의 특징은 양인과 노비로 신분을 나누는 '양천제'가 견지되었다는 점이다. 양천제는 중국 고대사회에 존재하다가 송대에 귀족의 소멸과 함께 사라졌던 것이다. 양인은 공민으로 국가의 세역을 부담하지만, 노비는 국가기관에 귀속되는 '공천'과 개인에게 귀속되는 '사천'으로 나뉘어 개별 상전에게 귀속된다. 그리고 노동력 제공인 앙역仰役과 현물납인 '납공納貢'으로 나뉜 신공身貢을 바친다. 신분이란 본래 출생과 더불어 정해지는 것이지만, 신분 매매를 통해 스스로 선택할 수도 있었다. 현실적으로 공민으로의 세역 부담이 어려운 자들은 권세가의 사노비로 들어가 가벼운 신공 부담을 지고자 했으며, 생계가 어려운 양인이 자신과 처자식을 노비로 파는 자매自賣나 경제적으로 성장한 노비가 상전에게 속가贖價를 지불하는 속량贖良으로 양인이 되기도 했다.

그런데 이러한 신분 변동은 단지 사회적인 현상으로만 이해할 수는 없다. 양천제는 어쩌면 조선왕조가 인구 관리를 효과적으로 하기 위한 하나의 '기획'인지도 모른다. 세역을 부담할 능력이 있는 양인을 파악하여 국가가 관리하고, 경제적으로 열악한 자들은 양인의 세역 부담을 도울 수 있도록 상전에게 관리를 맡겼다고 할 수 있는 것이다. 호적에는 원칙적으로 국역을 부담하는 양인을 호의 대표자로 설정하고 노비는 상전의 호내 구성원으로 등재하거나 상전의 이름을 기재하도록 했다. 민인에 대한 관리 담당을 분명히 한 것이다. 중앙정부는 호구조사를 통해 해당 행정구역에 국역 부과의 근거가 되는 호구의 총수와 국역의 종류별 액수를 확인하면 되었다. 세역 징수의 지역적인 할당 액수와 공공업무 수행 기관에 대한 분배 액수를 집권적으로 파악하기 위해서다.

그런데 중앙으로 보고되는 호적 장부에는 이러한 이유로 말미암아 실재하는 모든 호구가 등재되지는 않았다. 지방에서 호구조사를 실행하는 지방관청과 그것을 돕는 지배적 계층은 행정구획마다 관례적으로 할당된

맺음말

호구와 세역의 총수에 맞추어 호구 등재를 선별적으로 조정했다. 이 단계에서 현실적인 주민의 사회경제적 위상이 고려되었을 것으로 보인다. 이것은 국가가 양인을 파악하는 데에 주력하고 노비는 자율적인 관리에 위임하는 인구 관리의 취지에 부합하는 일이라 할 수 있다. 또한 주민의 경제력을 고려하여 호구 편제를 하는 역할이 지방의 호구조사에 맡겨졌다는 것은 토지 분배의 균등화를 실현하는 방법과 관련이 있다. 중앙정부는 호 단위로 가족의 경제력을 일일이 파악하기 어렵고 그렇게 할 필요도 없었다.

한국에서는 조선 시대 이전부터 호구조사와 별도로 토지조사가 시행되고 있었다. 호적에 토지 소유나 토지세 부담에 관한 기록은 보이지 않고 개별 토지에 대해 조사한 토지대장, 양안量案이 별도로 작성된 것이다. 호마다 토지 분배를 고르게 하기 어려운 불평등 구조가 존재했기 때문이다. 국가는 중앙 재정의 주된 근거가 되는 토지세의 안정적인 확보를 위하여 개별 토지에 조세를 부과함으로써 호구와 토지를 일치시키지 못하고 토지 소유의 불균등성을 은폐해버리는 결과를 가져왔다. 대동법의 부정적인 측면이 여기에 있다. 그러한 호구조사의 결함을 지방관청과 지배적 계층에 의한 호구 등재 조정과 세역 분담의 역할로 메우고자 한 것이다.

조선적 양반인 재지 사족은 본래 양인으로 세역의 의무가 있지만, 지방에서 이러한 역할을 수행하거나 그 수행을 감시하는 역할에 대해 배려될 필요도 있었다. 지방관을 보좌하고 향리를 감시하는 역할을 수행할 수 있도록 자율적인 향약 조직의 결성이 권장되었으며, 그러한 활동으로 향촌에서 정치권력을 발휘하는 정당성을 가질 수 있었다. 재지 사족은 통혼권 내의 혼인을 지속하기 위해 족보를 편찬하여 신분적 정통성을 확인하였다. 민간의 족보 편찬은 부계 남성들로 이루어지는 친족 질서가 강조되는 반면, 신분 상승으로 이야기되는 양반 지향적 경향이 강화되면서 광범위하게 확산되었다. 신분적 배타성과 유동성이 신분적 격차를 줄이는 방향으로 진행되었다.

신분 계층의 경제적인 격차도 양 측면에서 좁아지고 있었다. 17세기를 전후로 노비 노동을 동원한 토지 개발과 대토지 경영으로 농업 생산을 향상시키는 데에는 한계가 보였다. 가족노동을 효율적으로 사용하는 집약적 소농 경영이 높은 토지 생산력을 보이면서 그러한 소농 경영에 농업 생산이 맡겨졌다. 자녀에 대한 토지와 노비 상속은 자녀마다 비율을 달리하면서도 분할상속을 유지했기 때문에, 세대를 거치며 경제적 하락을 경험하게 된다. 토지대장에 토지 소유 규모가 하향 평준화하는 경향도 확인할 수 있다. 반면에 노동력 다투입을 요하는 소농 경영은 토지 생산성과 함께 토지세 과세 비중을 높였지만, 농민 가족의 경제적 자립도가 상승하고 인구가 증가하는 데에 영향을 미쳤을 것으로 보인다. 여러 계층의 많은 인구가 경쟁적으로 양인이나 양반으로의 신분 이동을 시도할 수 있는 경제적 기반이 마련되었다.

이러한 사회경제적 변동은 세역 부담 대상의 안정적 확보라는 측면에서 국가 재정에 긍정적으로 작용했다. 조선적 양반은 본래 공민으로 국역을 부담하는 대상이었으며, 직접적인 국역을 피할 수 있다고 하더라도 그에 대한 반대급부를 지불해야 했다. 과거 준비생으로서 군역을 잠시 연기할 수 있는 '유학'을 호적에 기재하는 것은 특히 19세기에, 지방재정을 위해서 대대적으로 받아들여졌다. 반대급부로 품직을 부여하는 공명첩空名帖이 지방관청에 대량으로 발급되는 이유도 여기에 있다. 19세기 호적에는 균일한 형태의 호구 편제가 일반화되어 고래의 호구조사 원칙이 장부상으로 실현되어갔다. 균등 지향의 통치 이념에 입각한 집권적 인구 관리가 사회 불평등이 해소되어가는 방향에서 실효를 거둘 수 있었다고 볼 수 있다.

대한제국기의 호구조사는 인구 관리를 둘러싼 중앙 정부와 지방 사회 간의 서로 다른 인식의 결과를 보여준다. 중앙정부는 지방 사회의 자율적인 호구조사를 부정하고 중앙에서 모든 인구를 직접 파악하여, 인구 관리의 중앙집권화를 궁극적으로 완성하고자 하는 지침을 내렸다. 그러나 지방 사회는 기왕에 할당되었던 지역의 호구 총수보다 적은 수치로 호적대장에 호구를 등재하는 데에 그쳤다. 철저한 호구조사에 근거하여 호세를 일률적으로 징수함으로써 재정의 중앙집권화를 강제하는 중앙정부의 조치에 대한 반발이었다. 호구조사는 지방 재정상의 인적 재원을 확보하는 자율적 인구 관리 방법이기 때문이다.

정부가 모든 인구를 개별 인신적으로 파악하게 되는 것은 혈연적 출처에 근거하여 본적지주의 호적을 작성하는 식민지 시대 초기의 일이다. 이러한 인구 관리는 식민지 조선에 근대적 인구조사를 처음으로 시행한

맺음말

1925년도 '간이국세조사簡易國勢調査' 이후에도 지속되었다. 연장자 남성을 호주로 하는 근대적 가부장제를 식민통치의 근간으로 삼은 것이다. 식민지 당국의 호구조사는 여성의 이름과 생년월일을 공개하기를 꺼리는 식민지 조선인에게 반발을 샀다. 이는 인간의 운명과 아이덴티티를 의미하는 내밀한 정보였다. 그러나 조선왕조에서 시행해오던 호구조사의 경험에 의해 20년 정도 만에 완수되었다. 이것은 동화 정책에 의한 식민지 조선인의 황민화, 그 일환으로 취해진 '창씨개명創氏改名'의 신속한 추진을 초래했다. 이러한 인구 관리가 식민지 조선인이 한반도를 떠나 해외로 이주할 수밖에 없었던 원인인지도 모른다.

'저출산 고령화'에 이어 현대사회의 새로운 인구문제는 일국에 한정되지 않는 세계적 질병의 대유행이다. 반복되는 전염병 유행으로 그것을 경험한 지역의 집단적 면역성이 작용하는가가 거론되지만, 국가의 질병에 대한 대처에는 분명 그 지역의 역사적 경험이 크게 작용하고 있다. 국가의 중앙집권적인 대처가 국민의 자발적인 협조에 의해 효과를 발휘할 수 있다. 이 또한 국가와 민 사이의 오래된 통치 시스템의 경험과 역사적 축적으로부터 작용하는 일이다. 국가의 인구 관리가 누구를 위해 시행되는가, 그리고 국민의 신뢰 위에 성립하는가를 관찰해야 하는 이유이다.

손병규

| 참고문헌 |

자료

「鄭里廩籍」(胡北省文物考古研究所 編『江陵鳳凰山西漢簡牘』, 中華書局, 2012).

『山陰帳籍』.

『慶尙道丹城縣戶籍大帳』/『慶尙道大丘府戶籍大帳』(성균관대학교 대동문화연구원 호적전산데이터, daedong.skku.ac.kr).

「戶口單子」/「準戶口」(19세기 丹城縣 新等面).

「光武戶籍」(慶尙道 丹城郡 南面 元堂里 培養洞 戶籍).

『除籍簿』(1910년대 山淸郡 新等面).

『戶口總數』, 『高麗史』, 『朝鮮王朝實錄』, 『經國大典』, 『大典會通』, 『官報』.

『慶州府尹先生案』(경주시 경주문화원), 『陜川李氏族譜』.

보건복지데이터포털: data.kihasa.re.kr

인구보건복지협회: www.ppfk.or.kr

중국통계국(中华人民共和国国家统计局): stats.gov.cn

통계청: kostat.go.kr

서적

권태환·김두섭(2002), 『인구의 이해』, 서울대학교출판부(2008, 개정판 4쇄).

노명호 외(2000), 『韓國古代中世古文書硏究』 2권, 서울대학교출판부.

단성호적연구팀(2004), 『단성호적대장연구』, 성균관대학교 대동문화연구원.

손병규(2007), 『호적: 1606-1923 호구기록으로 본 조선의 문화사』, 휴머니스트.

_____(2008), 『조선왕조 재정시스템의 재발견: 17~19세기 지방재정사연구』, 역사비평사.

손병규 외(2016), 『한국 역사인구학연구의 가능성』, 성균관대학교출판부.

손병규·송양섭 편(2013), 『통계로 보는 조선후기 국가경제: 18~19세기 재정자료의 기초적 분석』, 성균관대학교출판부.

신윤정 외(2018), 『동아시아 국가의 저출산 대응 전략 연구 Ⅰ』, 한국보건사회연구원.

이영훈(1988), 『朝鮮後期社會經濟史』, 한길사.

장 클로드 세네 저(2008), 전광희·박은태 역, 『인구학입문(La demographie)』, 경연사.

전경목(2013), 『고문서, 조선의 역사를 말하다』, 휴머니스트.

한국인구학회편(2016), 『인구대사전』, 통계청.

Emmanuel Todd(1999), *La Diversité du monde: Famille et modernité, coll. L'histoire immédiate*(Paris: Seuil); 荻野文隆訳, 『世界の多樣性 家族構造と近代性』(藤原書店, 2008).

Emmanuel Todd(2011), *L'origine des systèmes familiaux. Tome I. L'Eurasie* (Paris: Gallimard); 石崎晴己 감역, 『家族システムの起源Ⅰ ユーラシア(上·下)』(藤原書店, 2016).

J. Dennis Willigan and Katherine A. Lynch(1982), *Sources and*

Methods of Historical Demograpy, New York: Academic Press.

Lee, J. and C. Campbell(1997), *Fate and Fortune in Rural China, Social Organization and Population Behavior in Liaoning 1774-1873*, Cambridge: Cambridge University Press.

Lee, James Z. and Feng Wang(1999), *One Quarter of Humanity; Malthusian Mythology and Chinese Realities*, 1700~2000(Harvatd University Press, 1999); 손병규·김경호 역, 『인류 사분의 일: 맬서스의 신화와 중국의 현실 1700~2000년』(성균관대출판부, 2012).

Wrigley, Edward A. and Roger S. Schofield(1989), *The Population History of England 1541~1871*, London: Cambridge university press.

鬼頭宏(2000), 『人口から読む日本の歴史』, 講談社(2014, 30쇄); 손병규·최혜주 역, 『인구로 읽는 일본사』(어문학사, 2009).

瀨地山角(1996), 『東アジアの家父長制--ジェンダーの比較社会学』, 勁草書房.

速水融(1997), 『歷史人口學の世界』, 岩波書店.

_____ (2009), 『歷史人口學研究 新しい近世日本像』, 藤原書店(2012, 2쇄).

岩井茂樹(2004), 『中國近世財政史の研究』, 京都大學學術出版會.

定宜庄·郭松義·李中清·康文林(2004), 『遼東移民中的旗人社會; 歷史文獻·人口統計與田野調查』, 上海社會科學院出版社.

坪内玲子(2001), 『継承の人口社会学─誰が家を継いだか─』, ミネルヴァ

書房.

池田溫(1979), 『中國古代籍帳硏究—槪觀·錄文』, 東京大學出版會.

天長市文物管理所 天長市博物館(2006), 「安徽天長西漢墓發掘簡報」, 『文物』 第606期.

논문

권내현(2004), 「조선후기 호적과 족보를 통한 동성촌락의 복원」, 『大東文化硏究』 47, 대동문화연구원.

김건태(2004), 「18세기 초혼과 재혼의 사회사 — 단성호적을 중심으로」, 『역사와 현실』 51, 한국역사연구회.

_____(2013), 「광무양전의 토지파악 방식과 그 의미」, 『大東文化硏究』 84, 대동문화연구원.

_____(2014), 「조선후기 호구정책과 문중형성의 관계 — 제주도 대정현 하모리 사례」, 『한국문화』 67, 서울대학교 규장각한국학연구원.

김경란(2003), 「朝鮮後期 丹城縣戶籍大帳의 女性把握實態 硏究」, 高麗大 博士論文.

김경호(2017), 「고대 동아시아의 호적제도」, 『동아시아로부터 생각한다』, 성균관대학교출판부.

_____(2010), 「진한시기 호구문서와 변경 지배—기재양식을 중심으로」, 『낙랑군 호구부 연구』, 권오중 외 편, 동북아역사재단.

김인수(2018), 「출산력조사를 통해 본 일본의 인구정치, 1940~1950년대」, 『사회와 역사』 118.

도이 구니히코(土井クニヒコ), 「신라촌락문서의 사료적 성격에 대한 재검토」, 한국고대사학회 제77차 정기발표회 발표(2004. 4. 17).

미야지마 히로시(宮島博史), 「사망의 계절적 분포와 그 시기적 변화」, 『맛

질의 농민들』, 안병직·이영훈 편저(일조각, 2001).

박희진(2002), 「조선후기 가계당 평균구수 추세: 족보를 이용한 가족재구성을 중심으로」, 『경제사학』 33, 한국경제사학회.

박희진·차명수(2002), 「조선후기와 일제시대의 인구변동: 전주이씨 장천군파와 함양박씨 정랑공파 족보의 분석」, 『경제사학』 35, 한국경제사학회.

배은경(2004), 「한국사회 출산조절의 역사적 과정과 젠더: 1970년대까지의 경험을 중심으로」, 서울대사회학과 박사학위논문.

손병규(2001), 「호적대장의 재정사적 의의」, 『史林』 16, 수선사학회.

_____(2004), 「인구사적 측면에서 본 호적과 족보의 자료적 성격」, 『大東文化研究』 제46집, 성균관대학교 대동문화연구원.

_____(2005), 「대한제국기의 호적정책─丹城 培養里와 濟州 德修里의 사례」, 『大東文化研究』 49, 성균관대 대동문화연구원.

_____(2006a), 「족보의 인구기재 범위─1926년경에 작성된 합천이씨의 세 파보를 중심으로」, 『古文書研究』 28, 韓國古文書學會.

_____(2006b), 「한말·일제초 제주 하모리의 호구파악: 광무호적과 민적부의 비교 분석」, 『대동문화연구』 54, 대동문화연구원.

_____(2007a), 「민적법의 '호' 규정과 변화─日本의 明治戶籍法 시행경험과 '朝鮮慣習'에 대한 이해로부터」, 『대동문화연구』 57, 대동문화연구원.

_____(2008a), 「식민지 시대 除籍簿의 인구정보─경상도 산청군 신등면 제적부의 자료적 성격」, 『史林』 30, 首善史學會.

_____(2008b), 「조선후기 상속과 가족형태의 변화─丹城縣에 거주하는 安東權氏 가계의 호적 및 족보 기록으로부터」, 『大東文化研究』 61, 大東文化研究院.

_____(2008c), 「明治戶籍과 光武戶籍의 비교」, 『泰東古典研究』 24, 태동 고전연구소.

_____(2010), 「13~16세기 호적과 족보의 계보형태와 그 특성」, 『대동문 화연구』 71, 대동문화연구원.

_____(2011), 「18세기 말의 지역별 '戶口總數', 그 통계적 함의」, 『史林』 38, 首善史學會.

_____(2011a), 「조선후기 비총제 재정의 비교사적 검토 — 조선의 賦役 實摠과 明淸의 賦役全書」, 『역사와 현실』 81, 한국역사연구회.

_____(2011b), 「식민지시대의 호구조사와 민의 대응, 그 전통성의 관점 에서」, 『史林』 40, 首善史學會.

_____(2014), 「20세기 전반의 족보편찬 붐이 말하는 것」, 『사림』 47, 수 선사학회.

_____(2015), 「20세기 초 한국의 族譜 편찬과 '同族集團' 구상」, 『대동문 화연구』 91, 대동문화연구원.

_____(2016a), 「琉球王國과 朝鮮王朝 族譜의 비교연구」, 『대동문화연구』 94, 대동문화연구원.

_____(2016b), 「산 자와 죽은 자의 기재—戶籍과 族譜에 대한 역사인구 학의 관점」, 『조선시대사학보』 79, 조선시대사학회.

_____(2017a), 「조선왕조의 호적과 재정 기록에 대한 재인식—인구와 가족의 경제수준 추적과 관련하여」, 『역사학보』 234, 역사학회.

_____(2017b), 「동아시아 근세의 호적」, 『동아시아로부터 생각한다』, 성균관대학교출판부.

송양섭(2004), 「19세기 幼學戶의 구조와 성격 —『丹城戶籍大帳』을 중심 으로」, 『大東文化研究』 47, 大東文化研究院.

심재우(2001), 「조선후기 단성현 법물야면 유학호의 분포와 성격」, 『역사와 현실』41, 한국역사연구회.

안승준 외(1996),「1528년 安東府 府北 周村 戶籍斷片」, 고문서연구 8,
　　한국고문서학회.

윤용구(2009),「平壤出土 '樂浪郡初元四年縣別戶口簿' 硏究」,『木簡과 文
　　字』3, 한국목간학회.

이상국(2013),「『安東權氏成化譜』에 나타난 13~15세기 관료재생산과
　　혈연관계」,『대동문화연구』81, 성균관대학교 대동문화연구원.

이상국(2003),「고려시대 군역차정과 군인전」,『한국중세사연구』15, 한
　　국중세사학회.

이용현(2008),「佐官貸食記와 百濟貸食制」,『百濟木簡』소장품조사자료
　　집, 국립부여박물관.

정진영(2002),「조선후기 호적대장 '호'의 편제 양상; 제주 대정현 하모
　　슬피 호적중초(1843~1907)의 분석」,『역사와 현실』45, 한국
　　역사연구회.

_____(2007),「역사인구학 자료로서의 호적대장 이용을 위한 기초 연
　　구 —『대구부호적대장』과 촌락문서의 비교 검토」,『大東文化研
　　究』59.

_____(2010),「대구지역 한 양반가의 호적자료 검토—戶의 移居와 혈연
　　결합을 중심으로」,『史學研究』98, 한국사학회.

邱源媛(2015),「18세기 중엽~20세기 초 중국의 "官修家譜"—中國第一歷
　　史檔案館에 소장된『淸代譜牒檔案』을 중심으로」,『大東文化研究』
　　91, 대동문화연구원.

한상우(2015),「朝鮮後期 兩班層의 親族 네트워크」, 성균관대 동아시아
　　학과 박사논문.

한영국(1985),「朝鮮王朝 戶籍의 基礎的 硏究」,『韓國史學』6, 한국정신문

화연구원.

Byung-giu Son and Sangkuk Lee(2010), "The Effect of Social Status on Women's Age at First Childbirth in the Late Seventeenth-to Early Eighteenth-Century Korea" *The History of the Family* 15-4.

_____(2012), "Long-Term Patterns of Seasonality of Mortality in Korea form the Seventeenth to the Twentieth Century". *Journal of Family History* 37(3).

Eugene A. Hammel (2003), 「世帶構造とは何か?」, 『歷史人口學と家族史』, 速水融 編, 藤原書店.

James Z. Lee, "Kin Networks and Social Mobility in China", 성균관대 동아시아 역사인구학 국제학술대회(2015. 6. 26.).

Jonas Helgertz, "Three-generation social and economic mobility in Sweden", 성균관대 동아시아 역사인구학 국제학술대회(2015. 6. 26.).

Martin Dribe and Jonas Helgertz, "The Lasting Impact of Grandfathers: Class, Occupational Status, and Earnings over Three Generations(Sweden 2010)", 성균관대 동아시아학술원 강연(2015. 5. 29.).

Kuen-tae Kim(2005), "Eighteenth Century Korean Marriage Customs: The Tansông Census Registers". *Continuity and Change* 20-2, Cambridge University Press.

_____(2009), "Differing Patterns of Marriage between the City and Villages in 18th Century Korea: the Case of Taegu Area". *The History of the Family* 14(1).

Son, Byung-giu (2010), "The Effects of Man's Remarriage and Adoption on Family Succession in the 17th to the 19th Century Rural Korea". *Sungkyun Journal of East Asian Studies* 10(1).

Xi Song and Mare, "Social Mobility in Multiple Generations in Late Imperial China", 성균관대 동아시아 역사인구학 국제학술대회(2015. 6. 26.).

宮嶋博史(2002),「東洋文化研究所所藏の朝鮮半島族譜資料について」,『明日の東洋学』7, 東京大学東洋文化研究所附属東洋学研究情報センター報.

吉田光男(2002),「近世朝鮮の氏族と系譜の構築」,『系譜が語る世界史』, 青木書店.

吉田浤一(1990),「中國家父長制論批判序說」,『中國專制國家社會統合-中國史像再構成Ⅱ』, 中國史研究會 編, 文理閣.

大口勇次郎(1995),「農村における女性相續人」,『女性のいる近世』, 勁草書房.

速水融(1999),'ユーラシア社會の人口·家族構造比較史研究'プロジェクト(EAP: 1995~1999) 연구보고서.

速水融(1993),「研究資料; 明治前期人口統計史年表」,『日本研究』第9集.

松薗斉(2002),「正統性·卓越性の主張, 中世公家と系図 ─『尊卑分脈』成立前後」,『系譜が語る世界史』, 青木書店.

李榮薫(1993),「朝鮮前期·明代の戸籍についての比較史的検討」,『東アジア專制国家と社会·経済-比較史の観点から』, 東京 青木書店.

田名真之(2002),「琉球家譜の成立と門中」,『系譜が語る世界史』, 青木書店.

井上徹(2002),「中國の近世譜」,『系譜が語る世界史』, 青木書店.

朱玫(2017), 「13~14世紀中韓戶口文書登載事項的對比硏究—以高麗與元明的戶口文書爲中心」, 中國社會科學院 歷史硏究所 紀要.

中澤克昭(2002), 「神を称する武士たち—諏訪〈神氏系図〉にみる家系意識」, 『系譜が語る世界史』, 青木書店.

국가의 인구 관리, 옛날과 오늘

1판 1쇄 발행 2020년 10월 27일
1판 2쇄 발행 2024년 5월 3일

지은이 · 손병규
펴낸이 · 주연선

총괄이사 · 이진희
책임편집 · 허단
표지 및 본문 디자인 · 이다은
마케팅 · 장병수 김진겸 이선행 강원모
관리 · 김두만 유효정 박초희

(주)은행나무
04035 서울특별시 마포구 양화로11길 54
전화 · 02)3143-0651~3 | 팩스 · 02)3143-0654
신고번호 · 제1997-000168호(1997. 12. 12)
www.ehbook.co.kr
ehbook@ehbook.co.kr

잘못된 책은 바꿔드립니다.

ISBN 979-11-91071-05-4 (93330)